KB269959

괜찮아, 열일곱 살

어른들은 알지 못하는
10대들의 심리학

"누구나 한때는
아이였단다"

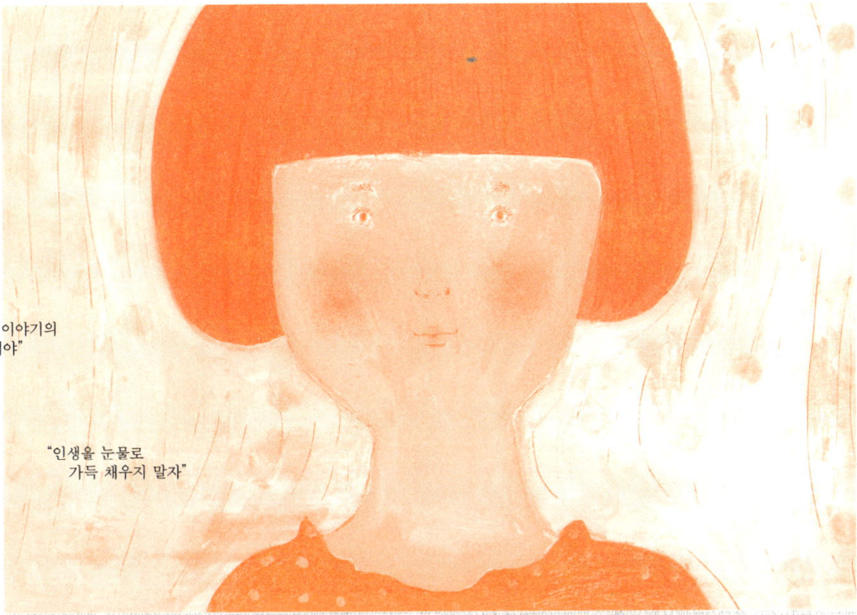

나는 내 이야기의
주인공이야"

괜찮아, 열일곱 살

어 른 들 은 알 지 못 하 는
1 0 대 들 의 심 리 학

이나미(신경정신과 전문의) 지음

이랑 BOOKS

차례

4장 왜 나는 친구가 없을까?

5장 왜 공부를 해야 하는 걸까?

6장 내게도 사랑이 올까?

누구나 한때는 아이였습니다

저는 마음이 아픈 사람들을 만나서 고민을 듣고, 그들이 자신과 세상을 조금이라도 좋아할 수 있도록 마음을 긍정적으로 변화시키는 일을 오랫동안 해오고 있습니다. 상담실을 찾는 사람은 어른이 대부분이지만 청소년들도 많습니다. 솜털이 보송하고 눈빛이 반짝거려야 할 그 나이에 어두운 얼굴로 저와 마주앉아 슬픔을 토로하고 있는 청소년을 보면 제 마음 역시 아픕니다.

청소년의 고민은 다양합니다. 공부만 강요하는 부모님이 싫어요, 매일 싸우는 부모님 얼굴 보기 싫어서 집에서 나가고 싶어요, 왜 저는 인기가 없을까요, 왜 나만 이렇게 못생긴 걸까요, 아무리 노력해도 친구가 생기지 않아요, 사는 게 힘들고 지루해요, 삶의 의미를 찾지 못하겠어요 등 아주 사소한 생활의 고민부터 인생에 대한 회의까지, 종류도 많고 대상도 다양합니다. 공통적으로 가장 힘들어하는 것이 무엇인지 아세요? 슬프고 외로운 감정을 아무에게도 털어놓을 데가 없다는 것입니다. 부모님과 선생님은 나의 성적에는 관심이 있지만, 내가 무엇 때문에 힘들어하는지, 왜 슬퍼하고 외로워하는지에 대해서는 관심이 없는 것 같다고 말합니다. 또래 친구들도 경쟁의 대상일 뿐, 진정한 친구는 아니기 때문에 고민을 털어놓지 못한다고 합니다. 아이들은 '그저 귀 기울여달라'는 작은 부탁을 하는 것인데, 세상의 수많은 사람들이 그걸 들어줄 수 없다는 것이 참으로 안타깝습니다. 실제로 상담실에서 만나는 아이들은 고개를 끄덕거리며 들어주기만 해도 상처가 많이 아무는 것을 볼 수 있답니다.

이 책에는 청소년들이 직접 질문한 수십 가지의 고민과 그에 대한 대답이 들어 있습니다. 90년대부터 모은 상담 자료입니다. 제가 이 책에서 '어른들은 알지 못하는 청소년의 속마음'을 풀어놓은 것은, 누구라도 좋으니 청소년의 심리를 들여다보고 좋은 멘토가 되기를 바라는 마음에서입니다. 저는 우리가 남의 말에 귀 기울일 줄 안다면 세상이 지금보다 훨씬 좋아질 거라고 믿습니다. 이 책을 읽으면 나의 고민뿐 아니라 또래 친구의 고민에 대해서도 함께 관심을 갖게 될 것입니다. 고민과 괴로움이 없는 사람이 있을까요? 그것을 겉으로 드러내느냐 아니냐의 차이가 있을 뿐이지요. 그리고 고민을 이겨내고 그를 통해 더욱 성숙해지느냐 아니냐의 차이가 있는 것 아닐까요? 가족과 친구, 학교, 그리고 남보다 못나 보이는 자신 때문에 힘겨워하는 청소년이 있다면 "괜찮아, 너희들만 외로운 것이 아니란다"라는 말을 들려주고 싶습니다. 그리고 부모나 선생님, 친구한테도 털어놓지 못하는 고민이 있다면 이 책에서 위로받고 조금이라도 해결책을 찾았으면 좋겠습니다.

언젠가 상담실을 찾은 아이가 이런 말을 했습니다. "나 같은 문제아가 없으면 어른들은 무슨 재미로 살까요?" 그렇습니다. 문제를 일으키는 청소년이 없다면 이 세상에는 아무런 희망도 긍정적인 변화도 없을 것입니다. 세상은 이런 자극을 통해 발전하는 것입니다. 그리고 우리 어른들도 그런 변화의 시기를 겪고 오늘에 이르렀습니다. 지금 방황하는 청소년에게 "우리 어른들도 한때는 아이였다"는 말을 들려주고 싶습니다.

태어나면서부터 어른인 사람은 아무도 없습니다. 누구나 엄마 뱃속에서 나와 어린이와 청소년 시절을 거치면서 울다가 웃다가 한 사람의 어른이 되어갑니다. 그러나 어른이 되고 나면, 어렸을 때 느꼈던 울분, 정의감, 분노, 절망, 그리고 꿈과 희망, 사랑을 기억하는 사람은 많지 않습니다. 어른이 되면 돈 벌고 명예를 얻는 일 등에 많은 시간과 공을 들여야 하기 때문에 지난 시절을 돌아보고 챙길 마음의 여유와 시간이 없기 때문입니다. 내가 지나쳐온 청소년 시기의 방황과 상처, 꿈은 한때의 치기로만 생각하고, 되돌아볼 가치도 없다고 무시하는 것입니다. 어른들이 그때를 돌아보며 몸을 낮추고 청소년의 이야기에 귀 기울이고 대화한다면, 세상은 지금보다 훨씬 유연하고 좋아질 게 분명합니다. 또한 청소년도 나를 알아주지 않는 어른에게 무조건 등을 돌릴 게 아니라 그들이 옛날을 기억하고 바뀔 시간을 주려고 노력해보세요. 어른도 노력해야 하지만, 청소년도 노력해야 합니다. 그래야 우리가 사는 세상이 한 층 좋아질 것입니다.

한 나라의 미래는 사람에 달려 있다고 많은 사람이 이야기합니다. 이 책을 읽고 많은 청소년이, 그리고 부모와 선생님이 "괜찮아, 열일곱 살!" 하고 힘을 내길 진심으로 바랍니다.

2011년 10월

이나미

남 앞에 나설 때면 부끄러움이 지나쳐
얼굴 빨개지고 떠는 사람이 있어요.
'상상 속의 청중'에 대해서 신경 쓰지 마세요.
나는 나, 당당하게 세상과 마주보세요.

나를 사랑하기 전에 알아야 할 것들

공상과 거짓말을 밥 먹듯이 해요

> 친구들은 저를 몽상가라고 부릅니다. 늘 이 상황이 아닌 다른 상황을 꿈꾸기 때문입니다. 저는 엉뚱한 생각을 하며 시간을 허비할 때가 많습니다. 그러다 보니 자연스럽게 공상이 거짓말로 이어집니다. 우리 집이 부자라고 상상하다가 친구들에게 정말 집이 부자인 것처럼 말할 때도 있고 아버지 직업을 속일 때도 있습니다. 제가 유명 연예인이라는 공상을 하다가 친구들에게 어떤 연예인을 직접 만난 것처럼 거짓말한 적도 있습니다. 제 입에서 뻔뻔하게 거짓말이 흘러나오면 저도 놀랍습니다. 처음 보는 사람은 물론 부모님에게도 거짓말을 합니다. 거짓말이 나쁜 것이라는 것은 알지만, 때로는 그것이 사실처럼 느껴지고 꼭 그렇게 될 것 같아 자꾸 남을 속입니다.

공상을 많이 하는 사람은 다른 사람들에게 엉뚱한 사람으로 보이거나 오해를 살 수 있습니다. 청소년 시기가 되면 추상적인 사고를 할 수 있는 능력도 늘고 상상력이 풍부해지면서 생각의 범위가 넓어지기 때문에 혼자 몽상에 빠지는 시간이 늘어납니다. 신체적 발달이 왕성해지면 이성과 관련한 성적 공상도 늘고 이로 인해 죄책감을 느끼게 됩니다. 죄책감이 지나치면 각종 정신 증상을 가져오기도 합니다. 정신과 의사나 심리학자는 공상에 탐닉하여 정상적인 생활을 하지 못하거나 현실과 비현실을 구별하지 못하는 경우를 제외하고는 공상을 병으로 간주하거나 금하지 않습니다. 오히려 어떤 의사는 '자신의 좌절감이나 고립감을 보상할 수 있는 혼자만의 공상이 치료적인 기능을 갖고 있다'고 적극 옹호합니다.

그러나 공상의 정도가 지나쳐서 없는 사실을 교묘하게 꾸미고, 다른 사람에게 거짓말을 하고, 공부하거나 친구 만날 시간도 없이 혼자 골방에 처박혀 공상만 한다면 이는 건강한 행동이라고는 볼 수 없지요. 자신의 열등감을 보상받으려고 자기에 대해 과장되게 허풍을 떠는 것도 일종의 '병적 자아 팽창Self Inflation' 증상입니다.

자신에게 열등감을 가진 사람일수록 거짓말을 많이 합니다. 자신은 매우 하찮은 존재고 남이 관심을 가질 필요조차 없는 나쁜 성인이 되어서도 마찬가지입니다. 자신감이 없는 어른은 자기 재산을 과시하기 위해 필요 이상의 값비싼 보석이나 승용차를 가지려고 합니다. 열심히 일하고 내 재산을 적절하게 관리하고 쓰는 것이 나쁜 것은 아닙니다. 다만 열등감이 지나친 사람이 자신을 과시하기 위해 사기나 범죄를 저지르는 경우가 종종 있으니 문제입니다.

몽상이 지나쳐서 거짓말로 변하고, 선의의 거짓말도 어느덧 남에게 알게 모르게 해를 끼치게 되면 최악의 경우 범죄자로 변할 가능성도 있습니다. 그러니 혼자 공상하는 시간을 줄이고 친구 앞에서 과시하는 버릇을 멈추어야 합니다. 그리고 근본적으로는 손상된 자존심을 회복해야 합니다. 이런 문제를 갖고 있는 청소년은 대부분 어린 시절에 부모에게 인정받지 못하고 사랑 없이 성장한 경우가 많습니다.

친구가 좋아하는 것은 상대방이 갖고 있는 재산이나 명예, 집안 조건 등이 아니라 나의 성격입니다. 거짓말을 하고 심하게 잘난 척하다 보면 남에게 존경과 인정을 받기는커녕 경멸과 멸시를 당하기 쉽습니다. 다른 사람의 사랑을 원한다면 나를 과시할 게 아니라 자기 몸을 낮추어 진실한 대화를 해보기를 권합니다.

너희들은
힘들지 않니?

사춘기를 저처럼 심하게 앓고 지나 가는 사람은 없을 거예요. 언제부터인지 무심하게 넘길 수 있 는 일에도 눈물이 핑 돌고 하루 종일 우울합니다. 그럴 때면 술을 마시거나 손에 상처를 내기도 하고, 감기약을 먹고 고 통스러운 상태를 즐기기도 합니다. 마음이 우울한데 이러지 도 저러지도 못하고 있는 것보다는 그렇게라도 해서 우울을 이겨내는 게 오히려 낫습니다.

그러나 한편으로는 우울의 주기가 자주 찾아오고, 갈수록 몸을 망가뜨리는 자학 행위를 심하게 하는 제가 혹시 정신병 에 걸린 게 아닌지 두려운 마음이 듭니다. 더 견디기 힘든 것 은 설명할 수 없는 우울을 혼자 감당해야 한다는 점입니다. 세상에 저처럼 우울한 사람은 없을 거예요. 모두 즐거운데 저 만 어두운 것 같아서 견딜 수 없습니다. 희번덕이는 제 눈을 보고 싶지 않아서 손으로 거울을 깬 적도 있습니다. 더 이상 방황하지 않고, 제 몸을 학대하는 행위를 되풀이하지 않았으 면 좋겠습니다.

청소년 시기는 흔히 '질풍노도의 시기'라고 합니다. 감정의 기복이 심해서 우울하다가도 금세 기분이 고양됩니다. 지금까지의 연구 결과에 따르면 청소년이 실제 심각한 정신질환을 앓는 경우는 많지 않습니다. 청소년의 감정이 기복이 심한 것은 병이 아니라 자신의 마음을 표현하는 방법을 정확하게 찾지 못했기 때문입니다. 어른은 화가 나면 주위 동료와 얘기하면서 갈등을 풀고 취미생활로 긴장을 이완하는 방법을 터득하고 있습니다. 그런데 청소년은 공부에 찌들어 그런 방법을 찾지 못하기 때문에 긴장과 우울감이 지속적으로 쌓이다가 어느 시점에 폭발물 터지듯 한꺼번에 분출하는 것입니다.

간혹 사춘기라서가 아니라 태어날 때부터 감정이 풍부하고 감수성이 예민한 청소년이 있습니다. 가계에 그런 유전 형질을 가지고 있는 사람도 있습니다. 그렇다고 '우리 집에서 누군가 정신질환을 앓았으니 나도 언젠가는 그렇게 될 것이다'라고 미리 단정해서는 절대 안 됩니다. 유전적인 요인은 사실 그리 많지 않습니다. 후천적인 여건과 스스로의 노력이 더욱 중요합니다.

별것 아닌 어려움을 가지고도 우울해하고 자해하는 청소년이 있다면 약물치료와 심리 상담을 받아보기를 권합니다. 그러나 대부분의 청소년은 정신질환이라기보다는 감성과 정서가 풍부한데 그

걸 풀 여건이 안 되어서 그런 것이니, 그럴 때는 자신의 심리 상태를 외면하기보다는 똑바로 직시하라고 말하고 싶습니다.

쉽게 상처받고 우울해하는 마음을 무조건 억압하여 참지 말고 잘 보듬어 달래기를 바랍니다. '내가 지금 몹시 힘들구나, 속상해하는구나' 이걸 내가 알아차려야 합니다. 그런 다음에 이 아픈 심정을 어떻게 달랠지 구체적으로 고려해야 합니다.

좋은 친구를 만나 상처받은 속내를 털어놓는 것도 좋고 슬픔에 잠길 수 있는 소설이나 영화를 보며 엉엉 우는 것도 카타르시스의 한 방법입니다. 땀을 내어 몸을 지치게 할 정도로 운동을 하는 것도 좋습니다. 머리가 복잡할 때는 뇌를 쉬게 하고 몸을 건전하게 혹사하는 것도 좋습니다. 그러다 보면 내 마음을 억누르고 있는 고민의 무게가 조금은 가벼워지는 것을 느낄 거예요.

우울할 때 어떤 이는 몸을 학대하기도 하지요. 견디기 힘든 마음의 고통을 덜기 위한 무의식적인 바람입니다. 그러나 몸과 마음을 동시에 못살게 군다고 해도 그 고통의 근본 원인에 대한 통찰 없이는 문제가 해결되지 않습니다. 또 그 해소 방법이 자신에게 해로운 방법이냐 이로운 방법이냐를 진지하게 생각해야 합니다.

잠도 자지 않고 밥도 제대로 먹지 않고 소처럼 일만 한 끝에 남부럽지 않게 성공하는 사람도 어떤 의미에서는 자기를 학대하고 있는 것입니다. 면도칼로 몸을 긋고 강도질해서 감옥에 들어가는 사람의 경우는 두말할 나위가 없겠지요. 같은 자학이지만 앞의 방법이 스스로에게 더 발전적이라는 것은 여러분도 아시겠지요. 자기 학대나 자신의 내면의 건강을 해치는 방법 말고 나 자신을 성장시키는 쪽으로 자기 성취와 대인관계를 유지한다면 불안과 우울에서 조금씩 벗어날 수 있을 것입니다.

불행에 빠질 때는 이 세상에서 내가 제일 불행하고 영원히 그 절망에서 헤어나오지 못할 것 같습니다. 그러나 모든 터널에는 끝이 있습니다. 어떤 좌절에도 해결책은 있습니다. 좌절의 고통이 크면 클수록 자기 성숙의 심도도 깊어지고 내면세계의 아름다움 역시 찬란하게 피어납니다.

지금 당장 우울하다고 해서 무조건 신체적인 자학만 하고 있을 게 아니라 자기 문제의 핵심이 어디에 있는지, 괴로운 이유는 무엇이고 이를 어떻게 극복할 수 있을 것인지 현실적으로 차근차근 살펴보는 노력이 필요합니다.

자살에 대한 생각을
떨쳐버릴 수 없어요

> 신문이나 방송에 자살한 아이의 이야기가 나오면 저는 그것을 몰래 눈여겨봅니다. 고민 많은 저는 그들의 결정이 가끔은 부럽습니다. 어른들은 스스로 삶을 포기한 그들의 행동을 비난하지만, 저는 그들의 외롭고 허전한 마음을 조금은 이해할 수 있기 때문입니다. 저 역시 이 세상을 왜 살아야 하는지 이유를 모르겠거든요. 원하는 것도 쉽게 얻을 수 없고 기쁘고 즐거운 일이 전혀 없습니다. 세상살이가 힘들고 지루합니다. 사람들은 도대체 왜 사는 것일까요. 자살은 자연스러운 행동이 아닐까요? 저는 몇 번 자살 시도를 한 적이 있습니다. 죽음은 제가 빨리 해결해야 할 숙제 같다는 생각을 합니다.

저도 사춘기 때는 자살에 대한 생각을 많이 했습니다. 잠이 들 무렵이면 자살을 계획하고 한창 그 생각에 빠지다가 마음이 울적해서 혼자 눈물을 흘렸습니다. 아파트 창문에서 밖을 내다보다가 뛰어내리고 싶다는 생각도 자주 했습니다. 무섭게 달리는 버스를 보면서 만약 차에 뛰어들면 그 즉시 죽겠구나 하는 생각도 했습니다.

그런 생각을 할 때마다 내가 죽으면 몹시 괴로워할 부모님, 나 때문에 슬퍼할 동생들을 떠올렸고 그 즉시 나쁜 생각을 지울 수 있었습니다. 나를 생각할 때마다 우리 가족이 일생 동안 비탄에 잠긴다면 그보다 큰 죄는 없을 것입니다.

사춘기 때에는 신앙심이 지금보다 훨씬 깊었기 때문에 하느님을 생각했습니다. 내 몸의 주인은 내가 아니라 나를 만든 조물주와 내 부모님이라고 생각했습니다. 내가 태어날 때 내 마음대로 태어나지 못했던 것처럼 죽을 때 역시 내 마음대로 죽을 수는 없다고 생각했습니다. 그러다 보면 죽고 싶은 마음도 가라앉고 다시 아침이 되면 아무 일도 없던 것처럼 세수하고 학교에 갔습니다.

그 당시 제가 자살을 생각할 만큼 불행을 겪었던 것은 아닙니다. 정신적으로 큰 상처를 입지도 않았습니다. 공부가 힘들고 학교에서 남모를 외로움을 느끼고 그 때문에 상처받는 정도였습니다.

집안 분위기가 나빴던 것도 아닙니다. 객관적인 시선으로는 도무지 자살할 이유가 없는데도 혼자 괴로워하다가 결국 자살의 공상으로 도피했던 것입니다. 이 감정을 부모님에게 무심히 말해서 걱정도 끼쳤지요. 부모님은 겉만 똑똑한 딸이 당신들을 비난하는 방법으로, 혹은 사춘기의 일환으로 반항하는 거라고 생각했습니다.

그때의 제 심리를 분석해보면 일종의 '도피 심리'와 다시 태어나고 싶다는 '재생 심리'가 있었던 것 같습니다. 청소년기보다 더 어린 시절에 저는 힘겨운 일에 부딪히거나 고민이 생기면, 자고 일어나면 지금과는 완전히 다른 사람이 되어서 마치 옛이야기의 주인공처럼 '정말 긴 꿈을 꾸었구나' 하고 기지개를 펴는 공상을 많이 했습니다. 예민한 심성을 타고 났으면서도 공부 잘하는 아이라는 딱지 때문에 여느 문학소녀처럼 감상적인 기분에 빠질 수 없던 저는 그렇게라도 현실 도피를 하고 싶었습니다. 지적 성숙도가 어른처럼 여물어서 스스로를 완벽하게 분석해내는 이성적인 힘을 갖추지 못한 나이였기 때문에 제가 손쉽게 도망갈 수 있는 출구는 자살의 공상이었습니다. 공상만 했을 뿐 다른 친구처럼 자살을 기도해본 적은 없습니다. 하지만 자살하겠다는 청소년을 보면 지금 이 나이에도 그때 그 시절이 떠올라 마음이 아픕니다.

싫든 좋든 사람은 누구나 죽습니다. 그러나 언제 죽을 것인지, 언제 태어날 것인지는 스스로 결정하지 못합니다. 삶과 죽음은 우리 마음대로 되는 것이 아닙니다. 우리 스스로 목숨을 끊을 권리가 있을까요? 백 번 양보해서 내 몸은 내가 마음대로 한다고 해

우리 삶의 가장 마지막에 누리는 찬란한 경험일 수도 있는 죽음의 순간을 지금 한순간의 잘못된 생각으로 허둥지둥 마무리해서는 안 됩니다.

부끄러움도 병일까요?

> **66** 초등학교 때부터 저는 국어시간이 싫었습니다. 앞줄부터 차례로 책을 읽게 하는 선생님의 수업 방식이 마음에 들지 않았기 때문입니다. 다음에 누가 읽을 차례인지 모르는 게 더 좋았습니다. 읽을 차례를 손꼽아 보다가 제 차례가 가까워지면 마음이 불안해지기 시작합니다. 목소리는 덜덜 떨리고 얼굴은 새빨개집니다. 친한 친구와 함께 있을 때는 말도 잘하고 토론도 잘하는데 사람들이 조금만 늘어도 무슨 말을 해야 할지 모르겠습니다. 사람 공포증이 있는 것도 아닌데 남 앞에서 말하는 것이 왜 이리 힘든지 모르겠습니다. **99**

괜찮아, 열일곱 살

　　　　　　청소년 시기가 되면 주위 사람이 나를
어떻게 보는지 의식하기 시작합니다. 이때는 그 전까지 막연하고
모호했던 자아가 확립되는 시기입니다. 소위 자의식이라는 것을
갖추게 될 때입니다. 특별히 내게 관심을 보이는 사람도 없는데 누
가 나를 세밀하게 관찰하고 평가하는 듯해서 남 앞에 서는 게 불
편하고 괴롭습니다.

간혹 자신의 존재를 남에게 알리고 싶어 주의를 끄는 행동을 하
는 청소년도 있습니다. 전자에 속하는 청소년이 소심하고 내성적인
성격이라면 후자에 속하는 청소년은 외향적이라고 흔히 말합니다.
그러나 꼭 그렇게 구분할 수만은 없습니다. 다른 사람의 눈을 지나
치게 의식한다는 것은 자기 내면의 눈으로 스스로를 평가하고 판
단하는 '내성Introspection'의 능력보다는, 남들의 가치관을 지나치게
중요시하는 외향적인 면이 더 발달했기 때문입니다. 다른 사람의
생각과 취향을 중요시하기 때문에 자신을 거기에 맞추려고 애쓰
고, 그러다 보니 사람 앞에 나서면 긴장하고 불필요한 고민으로 진
짜 해야 할 일을 못하는 것이지요.

우리는 의사소통할 때 남의 눈치를 많이 살핍니다. 그러다 보니
말과 생각이 일치하지 않는 경우가 많습니다. 기성세대는 신세대
가 남을 의식하지 않고 자기 멋대로 행동한다고 개탄하지만 저는

그렇게 생각하지 않습니다. 오히려 요즘 젊은이가 남의 시선을 더 따지는 게 아닌가 싶어요. 그래서 외제 물건도 필요 이상으로 많이 쓰고 유행에 따라 옷을 차려 입는 게 아닐까요. 남이야 어떻게 입건, 내 편한 대로 산다는 입장이라면 지금처럼 젊은이의 패션이 일률적으로 똑같지는 않겠지요. 옷차림뿐만 아니라 말하는 태도, 생각의 내용까지도 남에게 어떻게 비칠까, 어떻게 인정받을까, 지나치게 걱정하는 청소년이 요즘은 더 많습니다. 이러면 항상 누군가 나를 지켜보는 것 같아서 자연스럽게 행동하지 못하고 자의식이 지나치게 개입되기 때문에 여러 가지로 불편합니다. 심리학에서는 이런 사람에게 '상상 속의 청중Imaginary Audience'에 대해 너무 고민하지 말라고 말합니다.

이런 학생은 자라면서 자기 생각을 발표할 기회가 적었던 경우가 대부분입니다. 자녀의 말을 주의 깊게 경청하는 부모 밑에서 자랐다면 다른 사람 앞에서 당당하게 자신의 의사를 표현할 수 있습니다. 우연한 계기로 자신감을 잃어서 성격이 변한 학생도 있습니다. 반 아이들 앞에서 대수롭지 않은 일로 큰 수치심을 느꼈다거나 선생님에게 무시당해 일생 잊지 못할 마음의 상처를 입으면 원래의 당당했던 자신을 잃고 위축되어 다른 사람 앞에 선뜻 나서지 못합니다.

남 앞에서 유창하게 말하지 못하여 고민이라면 차라리 자신의 약점을 숨기지 말고 공개해버리는 것이 어떨까요. "저는 남 앞에서는 얼굴이 빨개지고 말을 잘 못합니다"라고 말하는 것입니다. 그럼 다른 사람이 여러분을 경계하거나 의심하지 않을 것입니다. '진정으로 안다는 것은 자기가 어떤 점을 모르느냐를 안다는 것'이라는 말이 있습니다. '진정으로 사회생활을 잘하려면 자기가 어떤 점에 서툴다는 것을 우선 인정해야 한다'는 뜻입니다.

우리는 사람을 평가할 때 그 사람이 어떤 생각을 하고 어떤 행동을 하느냐로 판단하지, 얼마나 말을 잘하느냐로 기준을 삼지는 않습니다. 스티븐 호킹 박사가 거의 알아들을 수 없는 목소리로 컴퓨터 합성을 통해 강의를 해도 사람들은 그에게 존경의 마음과 감사를 표합니다. 남 앞에 잘 보이고 싶다고 걱정하는 대신, 어떤 생각을 얼마나 깊이 하고 어떻게 그를 실천에 옮길 수 있을지 고민하는 게 우선입니다.

텔레비전 속의 연예인과 사랑에 빠졌어요

> 저는 텔레비전 속의 연예인과 사랑에 빠졌어요. 다른 아이들도 그 연예인 오빠를 좋아하는 것 같긴 하지만 제가 좋아하는 것의 절반에도 미치지 못할 거라고 확신합니다. 저는 그 오빠에 대해서는 모르는 것이 없습니다. 텔레비전에서 그 오빠를 보면 며칠 동안 아무것도 할 수 없고, 이런 제 마음이 괴로워 잠자리에 누워서 몇 번 운 적도 있습니다. 수업시간에도 그 오빠의 이름만 끼적거리고, 한시라도 오빠의 노래를 듣지 않으면 못 견딜 지경입니다.
>
> 그런데 그 오빠가 얼마 전 연예활동을 중단한다고 선언했습니다. 요즘은 보고 싶은 마음에 날마다 오빠의 공연 영상을 돌려보고 있습니다. 친구에게 말하고 싶어도 저의 소중한 마음을 친구가 이해하지 못할 것 같아서 망설입니다. 오빠와 함께하는 생활을 꿈꾸는 시간은 행복하지만, 현실로 돌아올 때의 외로움을 감당하기 힘듭니다.

연예인이 나오는 쇼 프로그램을 보면, 좋아하는 가수에게 자기의 감정을 표현하기 위해 소리를 지르는 학생이 많이 눈에 띕니다. 또 평소에 쌓인 스트레스를 풀기 위해 시끄러운 음악을 듣고 거기에 적극적으로 동참하자는 뜻으로 일부러 소리를 지르는 학생도 있지요. 보수적인 어른은 청소년의 그런 행동을 무조건 부정적으로 봅니다. 왜 그렇게 경거망동하느냐는 것이지요. 좋아도 좋은 표시를 하지 않고, 싫어도 싫은 표현을 해서는 안 된다고 교육받은 어른들은 아무데서나 발을 구르고 소리를 지르는 요즘의 경박한 젊은이들을 이해할 수 없는 것입니다.

저는 청소년이 연예인을 보면서 열광하는 것을 나쁘다고 생각하지 않습니다. 끔찍하게 하기 싫은 공부를 억지로 시키는 학교를 다니면서 쌓인 분노를 그런 식으로라도 풀어야 한다고 생각합니다. 몇몇 상위권 학생만 알아듣는 지겨운 수업, 죽은 지식만 억지로 집어넣는 주입식 교육, 아침 7시부터 저녁 12시까지 계속되는 학교와 과외공부, 숨 쉴 틈 없이 빡빡한 하루가 얼마나 힘이 들까요? 어른들에게 그렇게 살라고 한다면 유혈폭동이 일어날지도 모릅니다.

대부분의 청소년은 지금까지 별 문제를 일으키지 않고 무사히 학교를 졸업했습니다. 대학에 들어가면 모든 게 해결되니 그때까지만 참자는 마음으로 견딘 거지요. 지루한 생활의 와중에 연예인을 좋아하고 그들에게 애정을 쏟는 것은 청소년에게 남아 있는 유일한 탈출구가 아닐까요. 그 탈출구마저 봉쇄한다면 심각한 정신질환에 걸릴지도 모릅니다.

하지만 연예인을 자신의 '역할 모델Role Model'이라고 믿고 오로지 그들만 좋아하고 열광한다면, 그것도 건강하고 좋은 생활방식은 아닙니다. 성공한 배우나 가수들도 화려한 겉모습과는 달리 실제생활은 고되고 외로운 경우가 많습니다. 몇 달 반짝하다 무대에서 사라지는 젊은 가수의 경우는 더하지요. 인기가 없어지면 연예계를 떠나야 하는데 사회에 적응하기가 쉽지 않습니다. 무슨 일을 하려고 해도 얼굴이 알려져서 쉽지 않은데다가 음악이나 연기에 대한 끼를 발산하지 못하여 정신적으로 병이 드는 사람도 있습니다. 여러 가지 속사정을 알고도 나중에 커서 연예인이 되겠다고 한다면 막을 이유는 없습니다. 돈과 명예의 문제가 아니라 자기가 하고 싶은 일을 하면서 사는 게 진짜 인생이니까요.

그러나 연기와 노래에 별 재능이 없는데도 무조건 스타의 생활을 동경하고 그 때문에 자신의 생활이 흔들려서는 안 됩니다. 하루 종일 좋아하는 가수 생각만 한다거나, 그의 집 주위를 몇날 며칠 배회하면서 자기 생활을 통째로 희생해서는 안 됩니다. 물론 어떤 사람을 사랑하고 그리워하는 감정은 매우 소중하고 가치 있습니다. 청소년 시기에 이런 아름다운 경험을 해보지 못한 사람은 진짜 사랑이 무엇인지 알 수 없을 거예요. 다만 그 정도가 지나쳐서 자신의 인생을 방해한다면 적당한 제동을 걸어야 합니다. 실제 내 주위에 정을 줄 가까운 사람은 없는지 살피고, 다른 연예인에게도 관심을 가져볼 필요가 있습니다.

내가 왜 한 연예인에게만 매달리는지 그 이유를 객관적으로 분석해보는 것도 필요합니다. 나에게 부족한 어떤 것이 있다면, 그 부족한 점을 외부에서 찾을 게 아니라 나의 내면에서 찾아야 합니다. 실생활에서 직접 부딪히는 사람에게는 제대로 된 애정을 쏟지도 받지도 못한 채, 그 결핍감을 대체하기 위해 연예인을 무조건 좋아하는 건 아닌지요?

연예인이건 선생님이건 동급생이건 간에 청소년 시절에는 좋아하는 정도가 다른 어떤 시기보다 순수한 만큼 자칫 격정적이 될 수 있습니다. 그러나 그런 감정의 주인은 어디까지나 내 자신이라는 것을 잊지 마세요. 사람이 있고 사랑이 있는 것이지, 사랑이 있고 사람이 있는 것은 아니니까요. 내 삶의 주인공은 나입니다.

술과 담배 없는 삶은 상상할 수 없어

❝ 중학교 때는 중간쯤 하던 성적이 고등학교에 올라가자 급격히 떨어졌습니다. 성적에 따라 모든 것이 결정되는 세상에 회의가 들고 학교에 나가기 싫어졌습니다. 차츰 학교에 적응하지 못하고 겉도는 친구들과 어울리게 되었고, 우리는 만나면 학교에 대한 불만을 늘어놓기 바빴습니다. 그러다가 한 친구가 술을 마시자고 했습니다. 그날 다들 성적 때문에 우울해 있던 때라 각자 돈을 모아 술을 사서 마셨습니다. 머리가 어지럽긴 했지만 마음이 한없이 느긋해지고 세상이 느리게 돌아가는 기분이 참 좋았습니다. 담배도 입에 대었습니다. 술을 마시면 깨고 난 뒤에 집에 돌아가야 하지만, 담배의 경우는 그런 부담감이 전혀 없고 피울 때는 마음이 차분해져서 나중에는 하루에 한 갑 이상 피울 정도로 골초가 되었습니다. 담배와 술 모두 건강에 해로운 것을 알지만 지금 저를 가장 편안하게 해주는 이 두 가지를 끊을 수 없습니다. ❞

외국의 청소년에게나 있을 법한 알코올이나 마약중독을 이제는 우리 주위에서 심심찮게 찾을 수 있습니다. 밤늦게 유흥가나 대학가 뒷골목에 가면 술에 취한 학생들이 어울려 다니며 싸움판을 벌이기도 하고, 지나가는 여성을 희롱하는 광경을 볼 수 있습니다. 기성세대는 심각성을 모르지만, 고등학교를 다니는 남학생 중에 술을 마시지 않는 이가 없을 정도로 이제 음주는 청소년 문화의 한 부분이 되었습니다. 청소년의 따분하고 힘겨운 생활을 생각해보면 이들이 술에 탐닉하는 것도 어느 정도는 이해가 갑니다. 오죽 답답하고 스트레스를 풀 데가 없으면 어린 나이에 술을 마시면서 긴장을 풀겠어요. 그 상상을 하니 저도 우울해지는군요. 저 역시 힘들고 외로울 때면 혼자서 와인 한 잔, 맥주 한 잔 정도는 합니다. 하루 종일 환자와 씨름하고 짬짬이 글 쓰고 책 보고 집안일 하고, 그러다 보면 온몸이 욱신욱신 쑤셔서 술 한 잔 마시며 긴장을 푸는 것입니다.

하지만 술을 마시지 않으면 잠을 이루지 못해서 불안하고, 심지어 불쾌감까지 느낀다면 알코올 중독이 아닌지 의심해봐야 합니다. 어른이 사회생활의 필요 때문에 술을 마시다 뜻하지 않게 알코올 중독이 되는 경우가 있듯이 청소년도 주위 친구와 어울리다 보면 자기도 모르게 술에 젖어 자기 의지로는 끊지 못하는 지경에 이를 수 있습니다. 어린 나이에 술에 중독되면 아직 제대로 성숙하지 못한 '간'이나 '신경세포' 등이 술로 인해 큰 손상을 입습니다. 뇌세포는 다른 조직과는 달리 한 번 망가지면 다시 되돌릴 수 없기 때문에 일찍 술을 시작하는 사람은 치매 등 각종 정신질환에 걸릴 확률이 정상인에 비해 훨씬 높습니다. 감정적이고 충동적인 면을 강하게 표출하는 청소년 시기에는 술을 마시면 자기를 조절하는 뇌의 억제중추가 제대로 작동하지 않습니다. 참을성과 인내심이 없어지기 때문에 싸움도 잦아지고 자기도 모르게 각종 폭력의 가해자가 될 수 있습니다.

미국이나 유럽에서는 다른 마약에 손을 대게 만드는 '중간 역할Gatekeeper'을 대마초가 한다고 보고 있습니다. 일단 대마초에 손을 대서 마약의 맛을 알게 되면 조금씩 더 강한 마약에 손을 댄다는 뜻입니다. 헤로인, 코카인, 모르핀 등 점점 더 중독성이 강한 마약에 손을 대고 그때부터는 스스로를 조절하지 못하고 자포자기에 빠져 결국에는 끔찍한 마약 중독자가 되고 맙니다. 술이나 담배를 하면서 생기는 자포자기의 심정이 바로 그런 마약의 수문장 역할을 합니다.

다른 이의 관심과 애정을 항상 목말라하고 남의 기분이나 칭찬 등에 쉽게 좌우되는 '감정이 예민한 사람'일수록 알코올 중독에 빠질 위험이 높습니다. 어린 시절 심한 정신적 상처나 상실 등을 겪은 청소년도 그 괴로움을 풀 데가 없어 술에 탐닉하는 경우가 많습니다. 이런 사람의 경우는 술 마시는 것을 반드시 자제해야 합니다.

　자신에게 알코올 중독 조짐이 보인다면 혼자 끊으려고 애쓰지 말고 부모나 선생님에게 알리고 전문가의 도움을 받는 것이 좋습니다. 정신적으로는 아무리 노력을 해도 이미 중독이 된 몸이 따라 주지 않기 때문입니다. 비밀을 털어놓았을 때 충격받을 부모님 때문에 잠시 숨기다 보면 나중에 부모님이 더 크게 놀랄 수 있습니다. 지금 종아리를 맞고 빨리 고치는 것이 나중에 당뇨, 간경화 등 큰 병으로의 진행을 막을 수 있습니다.

　술을 마시면 일시적으로는 외로움도 아픔도 잊을 수 있겠지요. 그러나 그 짧은 순간 때문에 두고두고 더 힘든 시간을 보내야 한다면 이는 자살보다도 더 어리석은 행위입니다.

집착이라는 무서운 병

> 66 친구의 소개로 지금의 남자친구를 만났습니다. 그는 우스갯소리도 잘하고 친절해서 제 친구들이 저를 무척 부러워합니다. 그런데 남자친구는 만날 때마다 여동생 이야기를 꺼냅니다. 여동생이 교회에서 반주를 할 만큼 피아노 실력이 뛰어나고, 얼굴도 귀엽게 생겼다며 자랑이 끝없이 이어집니다. 때로는 무거운 가방을 들고 학교에 가는 동생이 안쓰럽다고 걱정도 하지요. 그럴 때마다 저는 묘한 기분이 듭니다.

어느 날 그 여동생이 피아노 독주를 한다고 해서 꽃다발을 들고 함께 보러 갔습니다. 제가 생각했던 것보다 그 여동생은 훨씬 예쁘고 상냥했습니다. 그 뒤부터 남자친구가 여동생 이야기를 하면 질투가 나서 견딜 수가 없어요. 너무 화가 나서 몇 번 울기도 했습니다. 예쁘고 상냥한 동생과 비교하다 어느 날 나를 만나지 않겠다고 하면 어쩌지요? 그 여동생이 눈앞에서 사라지면 좋겠다는 끔찍한 생각도 합니다. 혹시 남자친구가 여동생에게 사랑의 감정을 느끼는 건 아닐까요? 이렇게 생각하는 제가 잘못된 걸까요? 99

'I am but a fool/Darling I love you though you treat me cruel/You hurt me/and you make me cry/But you leave me/I will surely die.'

닐 세다카의 오래된 노래 〈오 캐롤Oh Carol〉의 한 대목인데 여성들의 집착이라는 주제를 다루고 있습니다. 당신이 나를 함부로 대하고 내게 상처를 주어서 매일 울고 지낸다 해도 나는 당신을 떠나보내지 않고 내 곁에 두고 싶다는 이야기입니다.

어떤 대상이나 일에 지나치게 집착하는 사람을 우리는 매우 강하고 억센 사람이라고 평가합니다. 집착 때문에 많은 것을 희생하면서도 눈도 깜짝 안 하는 것처럼 보이기 때문입니다. 그러나 실제로 그들의 내면세계는 허약한 경우가 많습니다. 집착하는 상대가 없어지면 무력감에 빠지고 황량한 세상에서 완전히 고립될지도 모른다는 공포가 크기 때문에 아무리 상대가 자신을 괴롭혀도 절망적으로 붙잡으려고 합니다.

물론 상대방을 괴롭힘으로써 자신의 갈등을 덜어보려는 가학증적 경향이 있는 사람도 있습니다. 정상적인 사랑을 받지 못하고 자랐거나 과거의 상처 때문에 남자에 대한 적개심이 너무 클 때 이런 일이 일어납니다.

일에 대한 집착도 마찬가지입니다. 주어진 일을 책임감 있게 해내는 정도를 넘어서, 가정도 사랑도 다 팽개치고 일에 몰두하는 '일 중독증' 환자도 내면이 매우 약하여 주위의 작은 자극에 쉽게 무너집니다. 살아 있는 사람과의 건강한 관계 형성에 자신이 없어서, 정서가 굳이 매개되지 않아도 되는 '일' 쪽으로 도망치려고 하는 사람입니다. 일 중독자 중에는 자신감 부족이나 열등감 등을 남의 눈에 확 띄는 갑작스런 성공으로 일시에 만회해보겠다는 사람도 적지 않습니다. 자연스럽게 일을 즐기기보다는 남에게 보여주겠다는 강박관념을 가지면, 감당할 수 있는 정도를 넘어 일에 매달립니다. 그러다 보면 건강을 상하고 주변사람도 힘들어집니다.

물론 일 자체에서 느끼는 보람과 성취욕은 다른 어떤 것과 비교할 수 없는 고유한 가치를 지니고 있습니다. 그러나 일은 자기와 주위 사람을 행복하게 하기 위한 도구적 수단에 불과합니다. 인생의 궁극적인 목표는 일을 잘하여 출세하거나 명예를 얻거나 부자가 되는 것이 아닙니다. 그런 외피에 매달려 진정한 보람과 행복을 느끼지 못하는 사람은 불행합니다.

또한 청소년기를 지나 20대 초반에 들어섰는데도 동성 친구에게 비정상적으로 집착하는 사람도 있습니다. 그때는 정상적인 사람이라면 동성보다는 이성에게로 관심의 대상을 바꿀 시기입니다. 그러나 학교와 사회에서 청소년의 정서적 성숙을 강제로 유예시키다 보니 20대 초반에 동성 친구와 긴밀한 관계를 형성하는 경우가 생깁니다. 그 사람은 뒤늦게 동성 상대에 대한 집착에서 벗어나지 못하고 가슴앓이를 합니다. 이 경우는 서구에서 말하는 '성적인 동성애자'와는 다르니 크게 걱정하지 않아도 됩니다.

여성이 남성에 비해 집착이 더 크다고 흔히 말합니다. 여자의 한이 깊으면 오뉴월에도 서리가 내린다든가, 떠나간 임을 기다리다 망부석이 되었다든가, 뱀으로 변해 결국에는 자기를 버린 남자를 물어죽인 설화에서 보듯 사랑에 대한 여성의 집착은 삶과 죽음을 뛰어넘습니다. 집착 때문에 생기는 부작용을 여성에게서 더 자주 관찰할 수 있는 것은 남성에 비해 여성이 가지고 있는 힘이나 자신감이 상대적으로 부족하기 때문입니다. 소외감, 무력감, 관계에서의 피동성 등으로 인해 여성의 내적 자신감이 남성보다 낮고 그 때문에 비정상적인 집착에서 벗어나지 못하는 것이지요.

배타적인 면을 그 자체로 내포할 수밖에 없는 사랑의 관계에서도 여성은 비정상적인 집착을 남성보다 강하게 표현합니다. 남자친구가 다른 친구에게 말만 걸어도 기분이 상하고, 자기에게 관심은 보이지 않고 스포츠나 공부, 일 등에 열중해도 소외감을 느끼는 극단적인 경우도 있습니다. 남자친구에게는 자기 말고도 소중한 친구와 가족이 있다는 것을 받아들이지 못하는 것입니다. 때로는 자기와 비슷한 동년배의 친여동생에게 보이는 자연스러운 형제애까지 질투합니다. 이러다가 남자친구를 내 물건처럼 소유하고 싶은 마음으로 발전하기도 합니다.

상대방이 가진 고유한 '기호' '취미' '인간관계' 등을 인정하지 않고 오로지 자기의 연인으로만 존재하길 바라는 것은 사랑하는 사람의 영혼을 죽이는 행위와 다르지 않습니다. 연인 사이건 친구 사이건 또는 부모 자식 사이건 건강하고 아름다운 관계는 상대방의 인격과 독립을 존중하고 상대방이 자유롭고 편안하게 살 수 있도록 배려할 줄 압니다.

조선시대의 유명한 학자 서경덕도 모든 행동과 사고에는 멈춤, 또는 그침(止)이 필요하다고 했습니다. 현대인은 마치 브레이크 없는 자동차처럼 앞으로 돌진하려는 경향이 있습니다. 그래서 상대방에 대한 사랑도 무모할 정도로 도를 지나치는 경우가 많고, 일에 대한 집착도 마찬가지여서 자기와 상대의 인간성을 말살할 정도로 속도를 높입니다. 어느 쪽이든 결과적으로는 그 당사자를 괴롭히고 파멸에 이르게 하는 지름길입니다.

둘이서 다 스러져 가는 오두막집에 갇혀 살며 쫄쫄 굶는 것을 바라나요, 아니면 넓은 대지에서 아름다운 자연과 호흡하며 사람답고 멋지게 사는 것을 바라나요? 그 둘을 가르는 결정적 분기점은 물질, 또는 인간에 대한 집착에서 벗어나느냐 그렇지 못하느냐에 달렸습니다.

아버지의 미운 모습을
무의식적으로 따라합니다

괜찮아, 열일곱 살

66 아버지는 노동판에서 반장을 지낸 경험도 있고 책임감과 리더십이 강한 분입니다. 아버지가 공사를 맡으면 일도 빨리 끝내고 집도 더 튼튼하게 지을 수 있다며 자부심이 대단했습니다. 그런데 부산에서 일을 마치고 올라오다가 교통사고를 당한 뒤 아버지는 두 발을 쓰지 못하게 되었고 일도 그만두셨습니다.

아버지는 그 뒤 매일 술을 드십니다. 술 마시고 주정하는 아버지가 너무 싫은데, 어느새 저 또한 술을 찾게 되었으니 아이러니합니다. 아버지와 똑같은 사람이 되기 싫어서 자제하려고 노력하지만, 친구들이 한두 잔 권하면 이것만 마셔야지 하다가 다음날 일어나지 못할 정도로 술을 마십니다. 그리고 며칠이 지나면 또 술을 마십니다. 아버지처럼 살기는 싫은데 아버지와 똑같은 행동을 하고 있는 제 자신이 싫습니다. **99**

체질적으로 간세포에서 알코올 성분을 소화, 배설하기 힘든 사람이 있는 걸 보면 알코올 중독은 약간의 유전성이 있다고 할 수 있습니다. 그러나 부모가 알코올 중독이라고 해서 자식이 모두 알코올 중독자가 되는 것은 아닙니다. 아버지의 주정하는 모습을 보고 미워하면서도 이를 무의식적으로 배우고 따라하는 것일 뿐입니다. 주사가 심하여 술을 마시면 가재도구를 부수거나 배우자나 자녀를 때리는 부모가 있습니다. 부모가 모범을 보이지 못하고 비교육적이고 미성숙한 모습을 보이면 자녀는 심한 갈등을 합니다.

첫 번째 유형은 집에 돌아오면 분위기가 뒤숭숭하고 골치 아프기 때문에 귀가를 싫어합니다. 수업이 끝나도 집으로 돌아가지 않고 친구와 어울려 거리를 배회하지요. 가출하거나 나쁜 친구의 꾐에 넘어갈 위험도 큽니다.

두 번째 유형은 집에서 '부모의 부모 역할'을 하면서 부부싸움을 말리는 착한 아들, 딸 유형입니다. 부모 사이의 중간 역할을 열심히 하면서 갈등을 완화하려고 갖은 노력을 하지만, 그렇게 애를 써도 안될 경우는 부족한 자기 탓을 하며 괴로워합니다.

세 번째 유형은 나도 부모와 똑같이 함부로 굴고 아무렇게나 행동하겠다는 유형입니다. 부모가 가재도구를 부수면 나도 부수고,

부모가 소리를 지르면 나도 소리를 지릅니다. 부모를 보고 배우면서 자라는 자녀의 '동일화 Identification' 과정이라고 생각하면 됩니다. 그러나 부모가 비뚤어져 있으니 나도 그렇게 행동하는 것은 자신의 인생에 아무런 도움이 되지 않고 자신을 학대하고 망치는 것밖에 되지 않습니다.

조금 이기적인 듯 보여도 부모의 문제는 부모의 문제로 간주하고 상관하지 않는 태도를 갖기 바랍니다. 부모님의 문제는 내가 아무리 노력해도 해결할 수 없는 부분이 있습니다. 또 어른들은 죽일 것처럼 싸우다가도 언제 그런 일이 있었느냐며 풀어지는 경우가 많으니 쓸데없이 그 중간에 끼어서 자기만 상처 받고 고민할 필요가 없습니다.

대부분의 어른은 여러분처럼 쉽게 상처입지 않는답니다. 싸움이나 일탈 행동을 한 당사자는 아무런 양심의 가책을 받지 않는데 나 혼자서 괴로워한다면 나만 손해입니다. 아무리 가족이 소중해도 내가 있고 난 뒤에 가족이 있다는 것을 깨닫기 바랍니다.

물건을 훔쳤는데도
죄의식을 느낄 수 없어요

66 저는 습관적인 도벽을 가지고 있습니다. 처음 도둑질을 했을 때는 양심의 가책을 심하게 느꼈습니다. 옆반에 책을 빌리러 갔는데 체육시간이 끝난 후라 아이들이 거의 없었습니다. 그런데 누군가 벗어둔 옷에서 1만 원짜리 한 장이 삐죽 튀어나와 있는 걸 보게 되었습니다. 무의식적으로 돈을 훔치면서 처음에는 무척 떨었습니다. 그런데 걱정과는 달리 아무도 저를 의심하지 않았습니다. 그 뒤부터 저는 도둑질을 하면서도 별다른 양심의 가책을 받지 않게 되었습니다.

용돈이 궁한 것도 아닙니다. 집에서도 사랑받고 자랐습니다. 아무 불만이 없는데 왜 도벽이 생겼는지 모르겠습니다. 물건을 훔치고 나서 기분이 좋은 것도 아니고 흐뭇함을 느끼지도 않습니다. 그렇다고 죄를 지어 괴롭다는 느낌도 없습니다. 그냥 덤덤할 뿐입니다. 이러다가 평생 도둑질을 하게 되는 것은 아닐까요? 들키면 어떡하나 가끔 염려스럽지만 물건을 훔치는 행위에 죄의식을 느끼지 못합니다. 99

장난치는 기분으로 가볍게 문방구나 슈퍼에서 물건을 훔치는 사람이 있습니다. 무슨 전리품처럼 가방에 넣어두고, 자기 마음에 드는 친구에게 선물하기도 합니다. 무용담처럼 물건 훔치는 것을 떠벌이는 아이도 있습니다. 이런 습관이 굳어지면 나중에 더 큰 죄를 지은 뒤에도 죄의식이나 부끄러움을 느끼지 못합니다. 처음에는 지우개, 연필 등 소소한 것에서 시작하지만 나중에는 비싼 팬시용품, MP3, 옷이나 장신구로 물건의 규모와 액수가 커집니다.

물건을 훔치는 사람 중에는 앳된 얼굴의 청소년도 상당수 있습니다. 이들이 더욱 대담해지면 소매치기로 변합니다. 소매치기가 되면 갖은 방법을 다해서 남의 돈을 훔칩니다. 강도나 살인을 저지르는 사람이 평소에 별로 나쁜 짓을 하지 않다가 갑자기 분을 못 참고 돌이킬 수 없는 죄를 짓는 사람이 많다면 소매치기는 꾸준히 나쁜 일을 하니 어떻게 보면 더 문제라고 할 수 있습니다.

죄를 짓고도 죄의식이나 양심의 가책을 느끼지 않는 사람은 어린 시절 제대로 교육을 받지 못했기 때문입니다. 해야 할 일과 하지 말아야 할 일을 부모님이 적절하게 가르쳐주지 않았거나 참아야 할 것을 참아야 하는 인내심을 배우지 못한 것이지요. 부모의 관심을 받지 못하고 자라면 가끔 나쁜 방법을 이용해서라도 부모

님의 관심을 끌려고 하는 경우가 있습니다. 반대로 지나치게 과잉
보호하는 부모 밑에서 세상 모르고 살다가 갑자기 거친 학교에 들
어가게 되면 적응하지 못하고 나쁜 길로 가는 경우도 있습니다.

죄를 짓고 소년원에 가면 그때는 손쓰기가 어려워집니다. ‘어차
피 나는 나쁜 놈이다’ 하는 자포자기의 심정, ‘내가 무슨 일을 해
도 어른들은 나를 선하게 보지 않을 것이다. 그러니 내 멋대로 하
겠다’라는 반항의 마음, 소년원에서 질 나쁜 친구들과 함께 있으면
서 배우는 부정적인 영향, 폭력성 때문에 교화되기보다는 심각한
범죄의 구렁텅이에 빠지기 쉽습니다.

첫단추를 잘못 끼우면 마지막 단추를 제대로 끼울 수 없습니다.
청소년 시기는 첫단추를 끼우는 소중한 시기입니다. 아슬아슬한
쾌감을 느끼기 위해서라는 시시한 유혹 때문에 일생 거칠고 힘든
가시밭길을 가서는 안 됩니다.

힘들게 일하여 얻은 수확은 맛있고 달아서 영양분이 되지만, 남
의 것을 빼앗거나 훔친 물건은 뱀처럼 징그러운 독이 될 것입니다.

항상 안절부절,
걱정에 걱정이 꼬리를 물어요

66 친구들은 저를 불안증 환자라고 합니다. 늘 불안해하고 걱정을 많이 하기 때문입니다. 그리고 끊임없이 한숨을 쉬는 버릇이 있습니다. 어머니도 엄하게 야단을 치셨지만 저는 쉽게 고칠 수 없습니다.

저는 사소한 일에도 마음이 불안하고 걱정을 합니다. 해야 할 일이 남아 있거나 해결되지 않는 문제가 생기면 다른 일은 아무것도 하지 못합니다. 선생님께서 힘든 숙제를 내주면 다른 친구들은 못해도 할 수 없지 하고 마는데 저는 다른 과목의 수업시간에도 그 숙제를 어떻게 할 것인지 걱정하면서 수업에 집중을 못합니다. 남학생이 따라오거나 말을 걸까봐 무섭기도 합니다. 요즘은 대학에 갈 수 있을까, 무슨 과목을 전공해야 하나, 대학에 가서 잘 적응할 수 있을까, 살이 찌지 않을까, 시험 전에 아프지 않을까, 걱정에 걱정이 꼬리를 물어요. **99**

현대 사회는 모든 것이 바쁘게 돌아가니 사람들은 자신이 잘 적응하고 있는 것인지 늘 불안해 합니다. 누구나 조금씩 불안감을 안고 살아갑니다. 그러나 참고 넘길 정도의 불안이 아니라 매사에 자신이 없고 전전긍긍하며 안절부절 하는 사람도 있습니다. 밖에 나가는 것도 불안하고 학교에 가기도 겁나고 숙제나 공부를 제대로 하지 못할까봐 걱정입니다. 이것은 '범불안장애Pan-anxiety Disorder' 증상입니다.

이런 문제를 가지고 있는 사람은 자아존중감이 매우 낮은 편입니다. 자신은 얼굴이 못생기고 머리가 나쁘고 집안이 형편없다는 부정적인 생각에 빠져 자신의 재능을 제대로 발휘하지 못합니다. 나는 어차피 못난 사람이라고 생각하고 그 때문에 괴로워합니다. 어린 시절 부모에게 적절한 칭찬을 받지 못한 것이 큰 상처로 남은 경우, 또는 좋아하는 사람이나 대상을 갑자기 잃은 후 그 상실감으로 인해 자신감을 잃는 경우도 있습니다.

성장하면서 부모나 주위 존경하는 사람에게 받는 사랑과 관심은 청소년에게는 매우 큰 에너지원이 됩니다. 주위에서 긍정적인 코멘트와 격려를 해주면 재능을 몇 배로 발휘하는 경우도 있습니다. 반대로 내게 그런 능력이 있을까, 실패해서 주위 사람을 실망시키거나 그들에게 버림받으면 어쩌지, 무시당하거나 비난받으면 어쩌지 하는 걱정들이 가득하면 현실적인 문제를 적극적으로 해결하지 못합니다.

불안이 늘고 자신이 없어질 때는 어떤 식으로 자신을 다스리고 고민을 떨쳐야 할까요. 우선 자신을 긍정적인 눈으로 보고 자기를 칭찬하는 법을 익히는 것이 중요합니다. 청소년 시기에는 부모님이나 선생님보다는 동료나 이성 친구에게 칭찬받았을 때 더 큰 만족감을 느낍니다. 이 시기에는 어른에게 인정을 받지 못해도 어린 시절만큼 큰 상처를 받지 않습니다. 한 단계 더 성장하면 주위의 평판에 좌지우지 되지 않고 스스로 격려하는 법을 배우게 됩니다. 세상 사람이 뭐라고 해도, 지금은 비록 내가 이룬 것이 크지 않다 해도 앞으로 나는 훌륭한 인물이 될 것이고 그렇기 때문에 현재도 충분한 가치를 지닌 사람이며 잘할 능력이 있다고 자신을 칭찬하는 것이지요. 그런 마음으로 자기를 바라보고 앞으로 나아가길 바랍니다.

두 번째는 자신이 능력 이상의 일을 무리하게 하는 것은 아닌지 살펴보는 것이 좋습니다. 기왕 공부를 시작했으니 1등을 하고 좋은 대학에 진학하는 것은 물론 사회적으로도 공헌하는 큰 사람이 되겠다는 꿈은 누구나 꿀 수 있습니다. 그러나 세계적인 석학의 권위 있는 연구만 중요한 것이 아니라 자기 일을 성실하게 하는 한 평범한 사람의 작업도 중요한 가치가 있습니다. 한 명에게만 도움을 주는 일이 100명에게 도움을 주는 일에 비해 하찮으니 차라리 아무것도 하지 않고 가만히 있는 게 낫다고 생각한다면 인류의 발전은 이루어질 수 없습니다. 농부가 뿌리는 씨 한 톨과 물리학자들이 힘을 합쳐 만든 원자폭탄, 어느 쪽이 더 아름답고 소중한 것일까요? 저는 주저 없이 씨 한 톨 쪽을 지지하겠습니다.

 낮은 자아존중감과 열등감은 비슷한 단어 같지만 사실은 태생이 다릅니다. 자아존중감이 내면에서 오는 문제라면, 열등감은 다른 사람과의 비교에서 오는 것입니다. 나는 무엇이든 잘못하고 있는데 남들은 다 잘하고 있는 듯한 느낌, 그래서 남들이 나를 무시할 것 같은 느낌 때문에 전전긍긍하는 사람이 있습니다. 열등감이 깊어지면 공부뿐만 아니라 매사에 자신감이 없어집니다. 하지만 1등만 하는 친구에게도 괴로움은 있습니다. 똑똑한 친구 중에도 스스로에 대해 자학하고 자신을 못났다고 생각하는 사람이 의외로 많답니다. 그러니 자기만 열등감에 시달린다고 생각하지 말고, 열등감이나 콤플렉스가 나를 키우는 좋은 원동력이 될 수 있다고 생각하기를 바랍니다. 내가 못나서 일을 못한다고 자책할 게 아니라 어떻게 하면 더 만족할 수준으로 일할 수 있을지 객관적으로 분석하기를 바랍니다.

남을 딛고 올라가 꼭대기에 서보겠다는 허황된 꿈 때문에 소중한 젊은 날을 허비할 게 아니라 스스로 할 수 있는 범위 내에서 자기의 행복에 도움이 되는 선택을 하기 바랍니다. 나에 대해 불안해하며 스스로에게 실망하기에는 아직 여러분은 어립니다.

인터넷에 빠져
헤어나올 수 없어요

66 저는 친구들 사이에서 '컴퓨터 바보'라는 별명으로 불리고 있습니다. 인터넷의 세계에 빠진 뒤로는 어떤 일도 집중하지 못하기 때문입니다. 집에 돌아가면 밥 먹는 일도 미루고 인터넷에 접속해 여기저기 돌아다니는데, 강의를 듣는 것도 아니고 데이터를 얻기 위한 것도 아니고 특별한 목적 없이 인터넷을 헤매고 다닙니다. 요즘은 컴퓨터 게임에 빠져 매일 게임을 합니다. 컴퓨터를 끄고 공부에 집중해 보려고 하지만 머릿속에서 계속 화려한 화면과 강렬한 음악이 유혹합니다. 그러면 유혹에 져서 다시 컴퓨터를 켭니다. 다른 아이들도 컴퓨터에서 자료를 찾고 게임을 하겠지만 저처럼 중독된 사람은 없는 것 같습니다. 99

서양에서 활자가 보편화되기 전, 책은 필사본의 형태로 사람들의 손에서 손으로 비밀스럽게 전해졌습니다. 모든 지식과 정보는 소수의 선택받은 지식인이 가진 배타적인 재산이었고 일반 대중은 책이라는 게 뭔지도 몰랐습니다. 그러다가 활자가 보급되면서 책을 인쇄하는 것이 가능해졌습니다. 인쇄술이 보급되었다 해도 책이 귀해서 대부분의 사람은 직접 눈으로 읽기보다는 책을 갖고 있는 소수의 사람이 읽어주는 방법을 통해 책과 만났습니다. 귀로 듣는 독서는 눈으로 읽는 독서보다 속도가 훨씬 느리기 때문에 사람이 일생 동안 읽을 수 있는 책의 분량은 많지 않았습니다. 그러다 점점 글자를 통한 정보가 빠르게 전파되면서 문명은 급속하게 발전했습니다. 서로 다른 지식이 만나면, 자기가 가지고 있는 정신적 힘이 증폭되어 또 다른 지식을 확대 재생산하기 때문입니다. 중세 이후 찬란한 서양 문명은, 동양에서 활자가 발명되어 전해지지 않았다면 애당초 가능하지 않았을 것입니다.

20세기에는 이와 같은 과학문명사적 대전환이 더 빠르게 찾아왔습니다. 첫 번째는 전화의 발명이지요. 모스부호 같은 점자 통신에서 시작해, 음성을 전기로 바꾸고 이를 다시 음성으로 바꾸는 전화가 일반인에게 보급되면서 멀리 떨어져 사는 사람과도 신속하게 정보를 교환하게 되었습니다. 곧이어 라디오가 발명되어서 책에 의존하여 정보를 교환하는 시절을 완전히 마감하게 되었습니다. 한때 대중의 정서를 미혹한다는 혐의를 받던 소설까지도 라디오 시대가 되면서부터는 오히려 지식인의 점잖은 취미로 인정받게 되었습니다. 이어서 텔레비전과 컴퓨터, 스마트폰 등 멀티미디어 시대가 왔습니다. 이제는 텔레비전을 보지 않는 사람을 찾기 힘들고, 컴퓨터 또한 마찬가지입니다. 이런 움직이는 영상매체는 시각과 청각을 모두 만족시켜 주기 때문에 독서보다 감각적이며 강한 매력이 있습니다. 책 읽기는 따분하기 짝이 없지만, 컴퓨터나 텔레비전, 스마트폰 등은 자극적이고 재미있습니다.

이러다 보니 자기도 모르게 영상매체에 중독되어 버립니다. 폭력적인 내용의 게임에 중독된 어린이나 청소년은 말할 것도 없고, 인터넷에 빠져 일상생활을 소홀히 하는 어른도 많습니다. 친구도 만나지 않고 공부도 하지 않으면서 인터넷만 하루 종일 붙들고 있는 사람은 정신질환의 일종인 '충동 조절 장애'를 앓고 있는 것입니다.

인터넷에 중독되어 학교 공부나 다른 일을 소홀히 하고 대인관계를 기피하게 되면 감당하기 힘든 부작용을 앓게 됩니다. 학생으로서의 의무를 소홀히 하면 사회적으로 낙오할 가능성이 큽니다. 인터넷에서 제공하는 정보 중에는 매우 소중하고 가치 있는 것도 많지만 필요 없는 정보도 엄청나게 많습니다. 거기에 빠져 귀중한 시간과 체력을 낭비하고 있으면 안 됩니다.

컴퓨터 게임은 강한 시각적 친화력을 가지고 있기 때문에 일단 시작하면 중단하기 어렵습니다. 학교에서 하루 종일 공부에 시달리며 정신적인 스트레스를 받다 보면 집에 가서 좋아하는 컴퓨터의 스위치를 켜고 싶은 마음이 굴뚝 같을 것입니다. 자신이 컴퓨터나 게임에 중독 증상이 있다고 생각하면 일단 컴퓨터 속에 있는 게임과 채팅 프로그램을 지워버리기 바랍니다. 그리고 학습 프로그램을 심거나 워드 프로그램을 이용해서 자기가 공부한 것을 정리하거나 논술이나 작문 연습을 하기 바랍니다.

학교 공부가 지겹고 친구와의 갈등 때문에 컴퓨터에 지나치게 매달리는 것이라면 음악이나 미술 등 다른 취미를 만드는 것도 좋습니다. 앉아서 자판이나 마우스에 오랫동안 매달리면 건강에도 좋지 않습니다. 몸의 근육을 일부만 쓰고 나머지는 오랫동안 쓰지 않은 채 긴장하고 있기 때문에 근육통, 허리통증, 견갑통, 안구통증, 시력 저하 등 VDT 증후군에 시달릴 수도 있지요. 단순한 폭력 게임에 오랫동안 노출되면 폭력에 대한 내성이 생겨서 자기도 모르는 사이에 잔인한 행동을 할 수도 있습니다. 컴퓨터를 하면서도 '빨리 전원을 끄고 공부해야 하는데'라고 생각하기 때문에 불안과 강박 증상에 시달릴 수도 있습니다. 어른을 속이고 게임이나 채팅을 하고 음란물을 다운받는 청소년은 자꾸 거짓말을 하게 되기 때문에 부모님과도 벽을 쌓습니다.

문명의 이기利器들은 주체적인 입장에서 잘 다스리지 않으면 우리를 노예로 만들어 버립니다. 사이버 공간에서의 주인공이 컴퓨터가 되느냐 아니면 자신이 되느냐는 평소에 우리가 얼마나 마음을 강하게 잘 닦느냐에 좌우될 것입니다.

인터넷 중독을 해결하기 위해 '인터넷을 무조건 끊어버리겠다'고 하면 더 어려울 수 있습니다. 자기가 좋아하는 일을 하루라도 하지 않는 것은 상상 이상으로 고통스러우니까요.

그 대신 '인터넷 일기'나 '인터넷 학습장'을 만들어 보세요. 몇월 며칠에 어떤 정보를 보았고, 그 정보를 본 자기의 느낌은 어떠했는지 기록해 보세요. 그러다 보면 작문 실력도 늘고 자기가 감상한 인터넷의 질과 양에 대해서도 객관적인 판단을 할 수 있습니다.

기록을 하는 사람이 나이기 때문에 수동적인 자세로 인터넷에 끌려다니지 않고 능동적인 참여가 가능합니다. 이런 적극적인 자세를 통해 창조력과 상상력을 고양하기 바랍니다. 또한 사이버 공간에서만 사람을 만날 것이 아니라, 진짜 살아 있는 친구들을 직접 만날 기회를 만들어보세요.

중세 사람은 책을 읽는 행위가 하느님으로부터 인간을 멀리하게 하고, 영혼을 타락시킨다고 생각했습니다. 연애소설은 인간의 정서를 미숙하게 만든다며 소설 읽기를 금지하던 시절도 있었습니다. 인터넷을 통해 성숙하느냐, 아니면 중독되어 인격이 피폐해지느냐는 나에게 달려 있습니다.

거칠고 불량한 학생이
멋있어 보여요

      " 키가 커서 교실 뒷자리에 앉게 된 뒤부터 학교생활을 충실히 하지 않는 소위 불량학생의 모습을 자주 보게 됩니다. 그 아이들은 수업시간에도 책을 쌓아 놓고 잠을 자거나 마음대로 교실 밖을 드나듭니다. 그 아이들을 호되게 야단치는 선생님도 있지만 대부분의 선생님은 포기한 듯 아무 말씀도 하지 않습니다. 나가고 싶을 때 나가고, 자고 싶을 때 자는 그 아이들이 저는 솔직히 부럽습니다. 불량 동아리에 가담하고 싶지는 않지만 그런 자유스러운 모습은 나쁘게 보이지 않습니다. 제가 조금 더 용기가 있다면 그런 일탈 행위를 할 수 있을까요? **"**

학생이 담배를 피우거나 술을 마시며 어른 흉내를 내는 진짜 이유는 무엇일까요? 강한 '성장 욕구' 때문입니다. 어린 시절에는 부모님이 시키는 대로 의심 없이 따르고, 선생님이 말하는 것은 모두 진실인양 받아들였지요. 그러나 나이가 들어가면서 부모님의 단점이 보이고, 권위 의식을 갖고 학생 앞에 근엄하게 보이려는 선생님도 결국은 평범한 보통사람이라는 것을 알게 됩니다. 청소년이 보기에는 형편없는 사람이 '단지 어른이라는 이유'로 청소년을 억압하려고 할 때는 너무 화가 나서 그 사람을 어떻게든 거꾸러뜨리고 싶은 마음이 듭니다. 하루라도 빨리 어른이 되어 자신의 권리를 찾고 싶은 마음이 드는 것입니다.

현실은 어떻습니까? 입시라는 답답한 틀로 청소년을 잡아두고, 신체적으로는 어른 못지않게 크고 건장한 이들을 작은 아이처럼 취급합니다. 학교에 남아 공부하는 시간이 길어지다 보니 부모로부터 자립하려고 해도 아직은 여러 가지 조건이 불가능해서 자립도 쉽지 않습니다.

어떤 아이는 간섭 많은 부모 곁을 떠나 무작정 집을 나가버리기도 합니다. 그러나 사회에 나가 보면 생각보다 힘든 일이 많습니다. 다시 가정으로 돌아가고 싶지만 겁이 나고 자존심도 상합니다. 계속 시간제 아르바이트를 하다 보면 모이는 돈도 없고 자신의 미래도 없는 것 같아 마음이 초조하고 나쁜 유혹에 빠지게 됩니다.

청소년은 대부분 빨리 어른이 되고 싶어서 어른의 행동을 모방합니다. 불행하게도 소위 어른의 행동 중에는 모방해도 괜찮은 훌륭한 점보다는 안 좋은 점들이 눈에 잘 띄는 법입니다.

많은 청소년이 이런 모자라고 나쁜 어른의 행동을 우선적으로 모방합니다. 쉽게 시작하는 것이 술과 담배입니다. 대마초나 본드를 하는 경우도 있습니다. 가출하여 혼숙하는 경우도 있습니다. 이런 것을 함으로써 어른이 된 것처럼 착각하지만, 이것은 순수한 청소년 시절을 포기하고 타락으로 떨어지는 지름길일 뿐, 진정한 어른의 모습은 아닙니다.

나쁜 방법으로 어른 흉내를 내는 청소년은 또래 친구들에게 부정적 의미의 '우상'이 되기도 합니다. 평범한 학생은 겁이 나서 미처 하지 못하는 일탈 행동을 거리낌 없이 하고 또 그런 자신의 행동을 또래에게 과장된 몸짓으로 보여주기 때문이지요. 그런 '과장된 몸짓' 속에 숨어 있는 그들의 외로움이나 불안을 들여다볼까요? '불량학생'인양 떠벌이면서 자신이 타락하고 있다는 것을 뽐내지만, 그들 역시 불확실한 미래를 무서워하기는 마찬가지입니다. 그들은 근심을 잊기 위해 더 야단스럽게 행동하고 과격하게 말하는 것일 뿐입니다. 순진한 아이들을 자기 그룹으로 끌어들이거나 반항적인 행동을 하라고 강요하기도 합니다. 이것을 '동료들의 압력Peer Pressure'이라고 정신의학에서는 말합니다. 청소년의 일탈 행동이 급속하게 주위로 퍼져 나가게 하는 '기제Mechanism'가 됩니다.

이런 유혹을 받게 되면 단호하게 거절해야 합니다. 그 행동이 좋고 나쁘고를 떠나서 자기에게 이롭고 해로운 것이 무엇인지 판단해야 합니다. 담배를 일찍 시작하면 폐암이나 기관지 확장증 등 치명적인 질병에 걸릴 확률이 높습니다. 알코올도 일찍 접하면 성장기의 뇌신경과 간세포에 해로운 영향을 끼치고 나중에 알코올 중독자가 될 확률이 큽니다.

그리고 무엇보다 자신의 고민이나 갈등을 그런 쪽에서 일시적으로 해결하려는 태도는 비겁합니다. 자기가 가지고 있는 근본적인 문제를 약물이나 술 등 다른 것에 의지해 풀지 말고 정면으로 직시해서 해결하는 것이 보다 성숙한 태도 아닐까요.

자살은 건강하지 못한 도피입니다

혹시라도 자살이라는 나쁜 생각을 하고 있는 청소년이 있다면 먼저 자신의 마음을 찬찬히 들여다보고 다음의 질문에 답하기 바랍니다.

★_다른 사람과 마찰이 있을 때 복수하고 싶다고 생각한 적이 있나요?

★_만약 그렇다면 어떤 식으로 복수하겠다는 공상을 합니까?

★_갈등을 직접 해결하는 것이 우회적으로 해결하는 것보다 어려울 때가 있습니다. 부모님과 선생님 등 나보다 나이 많고 힘이 센 사람 앞에서는 내 주장을 설득하기 힘듭니다. 가서 조목조목 따지고 내가 옳다고 말하고 싶어도 그럴 수 없는 여건이라면 자신을 어떻게 달래면 좋을까요?

★_나를 괴롭힌 사람이 두고두고 죄책감에 시달리게 할 방법으로 자살을 시도하겠다는 생각을 할 수는 있습니다. 그러나 과연 다른 사람이 이미 죽어 세상에서 사라진 사람을 얼마나 기억할까요? 결국 그 사람 때문에 자살을 시도한다면 자신만 손해입니다.

★_자살은 일종의 건강하지 못한 도피입니다. 건강하고 밝은 방식의 출구는 무엇일까요? 그런 출구를 만들려면 어떤 노력을 해야 할까요?

66 청소년 시기의 방황은
'자기 개성화 과정'의 한 단계일 뿐입니다.
이런 방황을 거쳐 어른이 되는 것이니
분노와 경쟁심을 누그러뜨리기 위해
조금만 노력해보세요. 99

66 청소년 시기의 방황은
'자기 개성화 과정'의 한 단계일 뿐입니다.
이런 방황을 거쳐 어른이 되는 것이니
분노와 경쟁심을 누그러뜨리기 위해
조금만 노력해보세요. 99

2장

내가 정말 원하는 것은 무엇일까?

멋지게 거절하는 법

> **66** 어렸을 때부터 성격이 순하다는 말을 많이 들었는데 이제는 그 말이 "넌 바보 같구나"라는 말로 들립니다. 친구가 물건을 빌려 달라고 하면 거절하지 못하고 빌려주고 나서는 후회합니다. 가기 싫은 곳에 같이 가자고 하면 마음속으로는 싫지만 뿌리치지 못합니다. 다른 친구들은 "안돼" "싫어"라는 말을 분명하게 하는데 저는 그게 왜 안될까요? 이번에는 거절해야지 다짐하다가도 막상 친구의 얼굴을 보면 그 말이 나오지 않아서 애를 먹고 그러다가 원치 않는 일을 합니다.
>
> 제가 바보가 아닌지, 친구들도 나를 손가락질 하고 우습게 보지 않을지 걱정입니다. 무엇이든 거절하지 못하고 남에게 양보를 잘하는 것이 단점이라고는 생각하지 않지만, 내가 손해를 보고 괴로워하면서까지 양보하는 것도 바른 행동은 아닐 거예요. 어떤 식으로 거절해야 하는지 그 방법을 모르겠습니다. **99**

옛날에는 겸손함을 최고의 미덕이라고 생각했습니다. 그러나 시간이 흐를수록 사람들은 마음속 깊고 어두운 부분, 이기적인 욕망을 인정하게 되었지요. 요즘은 정도가 지나쳐서 염치와 체면 불구하고 무조건 자기 하고 싶은 대로만 하는 사람을 치켜세우기도 합니다. 그러다 보니 '고전적인 인간형' 즉 '남에게 베풀고 양보하는 성격'을 거꾸로 조롱하거나 이용하는 경우가 있습니다. "싫은 것은 싫다고 표현하라" "하기 싫은 것은 하지 마라"라며 충고해주는 신세대 어른도 적지 않습니다. 실제로 그렇게 자기 마음을 표현하는 사람이 건강하다고 할 수는 있습니다. 하지만 그 정도가 지나쳐서 남에게 폐를 끼치거나 여럿이 더불어 사는 데 방해가 되어서는 안 됩니다.

성격이 순하고, 그래서 때로는 바보 같다는 생각이 들 정도로 남에게 친절한 자신의 성격을 부정하지 말고 장점이라고 좋게 생각하기를 바랍니다. 나중에 이런 선한 행동들이 쌓여, 분명 좋은 결과로 돌아올 것입니다. 어떤 친구에게 잘 대해주었는데 자기에게 되돌아온 것이 너무 뜻밖이라고 해도 실망할 필요는 없습니다. 그 아이로부터 인생이 어떤 것인지, 대인관계에서 어떤 어려움이 있는지 미리 배운 셈치면 됩니다. 그러나 주위사람에게 지나치게 의존적이라서 혹시 친구가 나를 버리면 어쩌나, 그러니 잘 해줘야지 하는 마음으로 친구에게 질질 끌려가서는 안 됩니다. 친구가 주변에서 없어진다 해도 나 혼자서도 잘 살아갈 수 있다는 배짱을 지니길 바랍니다. '친구가 나를 버리면 어쩌지' 하는 불안감을 억지로 감추고 사는 것과는 많이 다릅니다.

남에게 베푸는 사람 중에 이를 무조건 손해라고 생각해서 그런 상황이 되면 괴로워하는 경우가 가끔 있는데 이 또한 별로 좋은 태도는 아닙니다. 자기 손에서 떠난 돈이나 귀중품, 시간은 내 것이 아닙니다. 이미 내 것이 아닌 남의 소유가 된 것 때문에 고민하면서 인생을 낭비할 필요가 없습니다. 무언가 상대방에게 주고 그에 대한 보상을 즉각 요구한다면 자신만 괴로워질 뿐이에요. 줄 때는 확실하게 주고 그냥 잊고 있다가 상대방이 고맙게 생각하고 갚으려고 한다면 즐겁게 받는 것이 좋습니다.

자기 능력 이상의 것을 상대방이 요구할 때는 "너를 매우 좋은 친구라고 생각해. 그래서 뭔가 돕고 싶어. 하지만 이번 일은 도저히 내 능력 밖의 일이구나. 이것 말고 다른 부탁을 해주면 좋겠어"라고 말하세요. 무조건 거절하는 것보다는 부모님이나 선생님 평계를 대는 것도 한 가지 방법입니다.

거절할 때는 친절하게, 부탁할 때는 당당하게 하는 사람, 충분히 염치를 알고 '받은 만큼, 아니 그 이상'으로 상대방에게 갚는 사람이 결국에는 성공합니다. 성공은 성격이나 명예가 아니라 이런 작은 일을 현명하게 처리하는 지혜를 말합니다.

아버지 앞에 서면
언제나 작아집니다

66 아버지는 어렸을 때부터 신동 소리를 듣고 자랐습니다. 10리를 걸어 학교를 다니면서도 한 번도 1등을 놓쳐본 적이 없고 집안일도 누구보다 잘했다고 어른들의 칭찬이 자자합니다. 그런데 저는 아버지를 칭찬하는 소리를 들을 때마다 가슴이 답답합니다. 그들은 아버지의 아들인 저에게도 기대가 높으니까요.

아버지는 집안의 장손이어서 명절이나 집안 대소사가 있을 때면 모든 행사를 우리 집에서 치릅니다. 모임에는 큰아들인 저도 참석합니다. 할아버지는 제가 남자답지 못하고 수줍음이 많다고 자주 호통을 치시는데 그럴 때마다 저는 주눅이 듭니다. 저는 누구의 아들도 아니고 한 집안의 대를 잇고 보존해야 할 장손도 아니고 그저 평범한 아이이고 싶습니다. 날이 갈수록 친척 모임이 싫고 가족이라는 울타리가 한없이 불편합니다. 99

집안에 특별히 뛰어난 사람이 있을 때 주위 가족이 손해를 보는 경우가 있습니다. 잘난 아버지를 두었거나 똑똑한 형을 둔 사람을 모두 부러워하지만 정작 당사자는 그 후광이 부담스럽고 싫습니다. 나는 나인데, 다른 이들이 누구의 아들, 혹은 누구의 동생으로 취급하는 것이 싫습니다.

이런 사정은 모르고 친지들이 "아버지를 닮아서 너도 잘해야 한다" "형은 훌륭한데 너는 왜 그 모양이냐"라고 핀잔을 하면 화가 치밀어 오르지요. 이럴 때 어떤 학생들은 자기만의 개성을 찾겠다고 엉뚱한 방향으로 나가기도 합니다. 아버지는 머리가 좋아서 성공했지만 나는 머리가 나쁘니 일찌감치 학교를 그만두고 장사를 하겠다든가, 형은 모범생이지만 나는 그렇게 살 수 없으니 주먹을 쓰는 사람이 되겠다고 우기는 경우도 있습니다.

정신의학에서는 이런 고민을 '자기 개성화Individuation' 과정의 하나로 봅니다. 청소년 시기의 방황을 거쳐 자기 자리를 잡아가는 성장의 한 단계로 보는 것입니다. 극단적으로 나가지 않고 분노와 경쟁심을 잘 다스려 나가기만 하면 큰 문제는 없습니다.

소위 출세한 사람들의 성공 신화를 알고 보면 아무것도 아닌데 주위에서 지나치게 과장하거나 부풀리는 경우가 많습니다. 일종의 신화 만들기이지요. 친지들은 자신의 열등감을 그 사람의 성공에

투사해서 하나의 영웅을 만드는 것입니다. 내 주위에 이런 사람이 있다, 그 사람은 이러저러한 역경을 딛고 이렇게 성공했다, 그런데 나는 그 사람과 매우 가까운 사이다, 그러니 나도 그 사람 못지않게 훌륭한 사람이라고 본인을 자랑스러워 하는 것입니다. 그러다 보면 신화 속 주인공의 자녀는 알게 모르게 희생자가 됩니다. 훌륭한 사람의 피를 이어받았는데 겨우 그 정도밖에 될 수 없느냐고 비난 섞인 질책을 하는 사람도 있습니다.

누구의 자식, 혹은 동생이라는 후광 때문에 주위 사람에게 시달린다면 괜히 열등감에 빠지지 말고 그런 이야기를 하는 이들을 무시해 버리십시오. 오죽 할 일이 없으면 남의 일에 참견이나 하고 살겠는가 하면서 불쌍하게 여기길 바랍니다. 남들이 뭐라고 하건 나는 내 할 일을 한다는 식의 배짱을 갖는 것도 한 가지 방법입니다. '나는 누구의 자식도 누구의 동생도 아닌 나 자신'이라고 꿋꿋하게 자기선언을 하기 바랍니다. 지금은 개성시대입니다. 나의 건강한 미래를 하찮은 고민으로 낭비할 수는 없습니다.

사나이 중의 사나이로
살고 싶어요

❝ 만화나 영화, 드라마에 나오는 주인공은 한결같이 남자다운 멋이 있습니다. 화가 나면 책상을 던지기도 하고 친구를 향해 주먹을 날리기도 합니다. 자신의 감정 상태를 몸으로 표현하는 이런 남자들이 부러워서 저는 종종 흉내를 냅니다. 친구들도 제가 화를 내거나 물건을 던질 때 표정이며 행동이 멋있다고 이야기합니다. 가끔은 거울 속을 들여다보면서 화를 내거나 아픔을 참는 연습을 하기도 합니다. 여자친구를 그다지 좋아하지도 않는데 그 아이가 약속을 어기거나 다른 남자친구를 만난다고 하면 몹시 화가 난 것처럼 손으로 벽을 치며 화를 내기도 합니다. 남자라면 그 정도의 오기는 있어야 하지 않을까요. 제가 결코 폭력적이라는 생각은 하지 않아요. 이런 행동이 잘못된 것일까요? ❞

　　요즘은 남자도 패션에 관심이 많아서 올이 풀린 헐렁한 바지, 샌들, 귀고리에 목걸이를 많이 하고 다닙니다. 남자도 머리 염색을 하고 펴머를 하니 남녀의 구별이 없습니다. 겉모습만 변한 것이 아니라 '남성과 여성의 역할 Sex Role Assignment'도 많이 변했습니다. 남학생이 요리와 바느질을 하고, 여학생이 중장비와 건축에 흥미를 느낍니다. 여자는 남성화하고 남자는 여성화하는 것입니다.

　과거에는 상대방에게 심리적이고 육체적인 상처를 입히는 쪽이 주로 남자였는데 이제는 여자 쪽이 가해자가 되는 경우도 적지 않습니다. 물론 아직까지는 불쌍하고 비참한 여성이 더 많지만 일부의 그런 변화가 때로는 남자들에게 적지 않은 부담을 안겨줍니다. 그래서 일부러 자신의 남자다움을 과시하려는 남학생이 생기는 것입니다. 의도적으로 자신의 남성성을 강조하다 보면 과장된 표정이나 몸짓을 할 수도 있습니다. 영화 속에 나오는 주인공처럼 술 마시고 담배 피우는 정도는 아무것도 아닙니다. 일부러 싸움을 걸고 거친 욕을 하고 난동을 부리는 것입니다. 그렇게 해야 강한 사람이고 남자답다고 착각하는 것입니다.

　육체적으로 '강'하고 '난폭'한 것만이 과연 남자다움의 상징일까요? 진정한 용기를 가진 사람이 친구 앞에서 힘자랑하고 폭력적인 행동을 할까요? 그 반대라는 것은 여러분도 잘 알고 있을 겁니다. 아무렇게나 주먹을 휘두르는 사람이 역사의 위인으로 남는 경우는 없습니다.

훌륭한 사람은 자신이 여자냐 남자냐에 대해서는 큰 관심이 없습니다. 자신의 성性이 중요한 게 아니라 인간으로서 어떤 일을 해내느냐에 더 관심을 기울입니다. 남자다움을 강조한 나머지 난폭하고 폭력적으로 행동하는 사람은 창조적인 일을 하는데 어려움이 있고, 지나치게 여자답고 수동적인 사람 역시 성공적인 인생을 살지 못합니다.

남자냐 여자냐를 떠나 어떤 인간이 될 것인가, 또 어떤 인생을 살 것인가가 중요합니다. 폭력적이고 거친 행동으로 상대방을 제압하거나 사로잡을 수 있다고 생각한다면 그 사람은 현실세계가 아니라 중국 영화나 무협지 속에서 사는 게 더 좋겠지요. 남자다운 성숙함은 오기나 폭력에서 나오는 것이 아니라 관대함과 인내에서 나오는 것입니다. 조직폭력배의 두목으로 잘 먹고 잘산다고 해서 그런 사람을 우리가 존경하지는 않습니다. 남자다움을 강조한다고 잔인한 행동을 의도적으로 한다면 친구들도 피할 것입니다. 지금보다 멀리, 또 깊이 있게 생각하고 행동하며 진정한 남자다움을 보여주기 바랍니다.

친구야,
고민 좀 하며 살자

66 외국 청소년의 삶을 다룬 드라마를 볼 때마다 저는 그들이 부럽습니다. 대화가 깊이 있고 고민다운 고민을 하는 것 같아서입니다. 저도 친구들과 인생에 관해 깊이 있는 이야기를 해보고 싶습니다. 교정에 앉아서 책 이야기도 하고, 앞으로 하고 싶은 일이나 현재의 고민 같은 것을 자연스럽게 나누고 싶지만 친구들은 연예인에 관한 이야기 외에는 대화의 주제가 없습니다. 어떤 가수가 콘서트를 하는지, 어떤 탤런트가 성형수술을 했는지, 누가 누구랑 열애중인지 하는 많은 정보를 어디에서 듣는지 놀라울 뿐입니다. 그런 대화에서 빠지면 소외감이 들어 저 역시 몇 마디를 건네고는 다른 이야기로 넘어가려고 하지만, 친구들은 그런 복잡한 이야기는 상담선생님과 하라는 둥 괜히 머리 아픈 이야기는 꺼내지 말라는 둥 하며 다시 연예인 이야기로 돌아갑니다. 저는 이런 쓸데없는 일에 시간을 낭비하는 것이 싫습니다. **99**

정신적으로 성숙하고 책을 많이 읽는 우수한 청소년이 학교에 가면 대화할 상대가 없다고 불평하는 일이 많습니다. 쓸데없이 연예인 얘기만 하는 친구들을 경멸한다고 말하기도 하지요.

그러나 꼭 그럴까요? 다른 친구도 속으로는 자신의 고민이나 어려운 문제를 친구에게 상의하고 싶어 하는 것은 아닐까요. 어렵고 골치 아픈 말을 꺼내면 주위에서 자기를 이상하게 보는 건 아닐까, 비웃음을 사면 어떡하나 몰래 걱정하고 있을 수도 있습니다. 여러분이 공부에서 스트레스를 받다 보니 어려운 책을 읽거나 깊이 사색할 여유가 없는 것은 사실입니다. 하루 종일 쉬지 않고 피곤한 정신노동을 하는 학생들로서는 학과공부에 더하여 다른 책까지 보면서 머리를 쓸 기력이 없는 거지요.

한편으로는 대중매체의 위력이 너무 세서 다른 고급 문화예술을 억압해 버리는 면도 있습니다. 한 세대 전만 해도 문학잡지를 돌려본다든지 '철학'이나 '사회과학' 등에 대해 아는 척하는 것이 젊은이들의 지적 허영심을 만족시켜 주었습니다. 그러나 이제는 영화나 텔레비전에 박식한 연예통 학생들을 주위에서 더 알아주는 시대가 된 것입니다.

저는 대중문화에 대한 관심을 무조건 저급하다고 보지 않습니다. 유치하고 조악한 점도 있지만 대중들이 거기에서 정신적 카타르시스를 느끼고 소박한 즐거움을 얻을 수도 있으니까요. 사람은 항상 점잖은 '어른'의 입장으로 살 수는 없습니다.

때로는 순진한 아이로 변신해서 아주 한심하기 짝이 없는 텔레비전 드라마를 보면서 즐거워하고 감동할 필요도 있습니다. 누군가를 좋아하고 감성적인 유행가에 반해서 눈물 흘리는 일도 청소년 시기에는 해볼 만합니다. 그래야 이성적이고 논리적인 '어른 노릇'을 꼭 해야 할 시기에 평소 충전하였던 정신적인 에너지를 과감하게 쓸 수 있습니다.

그러나 '나는 죽어도 그런 쪽은 관심이 없다. 어려운 독서와 깊이 있는 사색이 더 좋다'고 한다면 그 역시 훌륭한 생활방식입니다. 단, 서로 다른 입장과 인생관에 대해 선입관을 갖고 가치 판단을 하는 것은 옳지 않습니다. 상대방의 취향이 나와 전혀 다르다는 것을 인정하고 이를 있는 그대로 받아들이며 수용해주는 태도를 가지기 바랍니다.

우리에게도
꿈이 있어요

> 저는 버스나 지하철에서 공부하는 인문계 학생들을 보면 화가 나서 견딜 수 없습니다. 그 복잡한 곳에서 얼마나 공부를 더 하겠다고 책을 펼쳐놓고 있는지 이해할 수 없고 그 모습이 가식적으로 보입니다.
>
> 저는 실업계 고등학교에 다니고 있어요. 우리 학교에는 성적이 나빠서가 아니라, 집이 가난하거나 사정이 있어 어쩔 수 없이 실업계에 다니는 학생도 많고, 졸업 후 사회 진출을 염두에 두고 있어서인지 아이들의 책임의식도 강한 편입니다. 그런데 부모 잘 만나 일반 고등학교에 다니면서 연예인 이야기나 하고 과외 걱정이나 하고 있는 그들을 보면 한심하기 짝이 없습니다. 같은 나이에도 생계를 책임지는 학생들이 있고, 교복 외에 변변한 옷 한 벌 없는 학생들이 있는데, 그들은 성적 걱정, 연예인 걱정만 하고 있잖아요. 그런 아이들이 대학에 가서 시위하고 남녀평등을 주장한다고 생각하면 세상이 참으로 하찮게 느껴집니다. 세상을 쉽게 살아가는 그들이 얄밉습니다.

우리나라의 실업계 학교들은 더 좋은 시설과 교육 환경을 갖추고 거듭나야 한다고 저는 생각합니다. 이상한 최면술에 걸린 것처럼 지금은 너도 나도 대학에 가겠다고 하고 있지만 막상 대학에 가도, 대학을 졸업할 때까지 우리가 대단한 공부를 해서 사회에 기여하는 것도 아닙니다. 학문을 연구하는 학자가 될 것도 아니면서 어마어마한 교육비를 대학과 그 준비기관인 학원에 쏟아붓고 있지요. 막상 대학을 나와 취직할 때는 대학 때 받았던 교육은 거의 써먹을 데가 없어서 새로 연수를 받고 직업훈련을 따로 받아야 할 형편입니다.

대학을 졸업한 고급 실업자를 양산할 게 아니라 실업계 고등학교에 지금보다 더 과감한 투자를 해서 우수한 학생을 배출하는 것이 필요합니다. 산업현장에서 실업계 학생이 융숭한 대접을 받게 된다면 대학에 진학하는 학생도 줄어들 것입니다. 학생도 대학에 남아 학자가 되지 않을 바에는 실업계 학교에서 꼭 필요한 지식을 익히고, 사회 역시 살아 있는 경험을 갖춘 보다 숙련된 전문가를 양성하겠다는 마인드를 가져야 합니다.

실업계 학교를 다니면서 일반 고등학교를 다니는 학생들의 고민에 분노하지 말고, 와신상담의 마음으로 열심히 일하고 실력을 닦기 바랍니다. 참고 견디며 끝까지 가봐야 그 인생이 성공한 것인지 실패한 것인지 알 수 있습니다. 공평하지 못한 사회에 화내고 원망하기보다는 그 시간에 자기가 정말로 해야 할 것이 무엇인지 꼼꼼하게 챙겨보길 바랍니다.

학벌 위주의 불평등한 우리 사회의 모순과 부조리를 해결해서 보다 평등하고 합리적인 국가를 만들려면 여러분이 나서야 합니다. 여러분의 신념과 노력 여하에 따라서 우리 사회가 더 좋은 세상, 열린사회가 될 수 있을 거예요. 세상에서 가장 큰 부자 중의 하나로 알려져 있는 빌 게이츠도 컴퓨터 사업에는 아무런 도움이 되지 않는다며 그 좋은 대학을 과감하게 그만두었습니다. 불우한 환경에서 태어난 후배들에게 여러분이 신화의 주인공이 되었으면 좋겠습니다.

나의 친구는 어디에 있을까?

" 저는 친구들에게 쉽게 실망을 합니다. 저도 완벽한 것은 아니지만, 친구들에게는 더더욱 완벽함을 요구합니다. 친한 친구가 수업시간에 꾸벅꾸벅 졸고 있으면 다른 친구들처럼 웃어넘기지 못하고 속으로 실망합니다. 친구의 특정 과목 점수가 낮게 나오면 함께 고민하는 척하면서도 마음속으로는 무시합니다. 특히 남학생과 미팅했다고 들떠있거나 괜찮은 남학생을 보았다고 친구가 자랑이라도 하면 더 이상 말도 하기 싫을 정도로 그 아이에게 실망을 합니다. 선생님을 짝사랑한다거나 유명 연예인을 좋아한다거나 부모님에 대해 욕을 할 때도 마찬가지입니다. 그 때문인지 친구들도 저를 가깝고 친밀하게 여기지 않는 것 같습니다. 왜 친구들의 자연스러운 모습에 저는 실망을 하는 것일까요? **"**

책을 많이 읽거나 주위에 어른이 많아 또래보다는 연장자와 자주 어울리는 사람, 자기 나이에 비해 많은 경험을 해보아 인생의 비밀을 지나치게 많이 알아버린 사람 중에는 실제로 또래 친구를 사귀기 힘들어 하는 사람이 많습니다.

부모님이 자주 싸우거나 혹은 다른 여러 가지 이유 때문에 정서적으로 피폐한 사람, 자신의 정상적인 감정을 지나치게 억압하여 일종의 '무감동 상태Alexithymia'에 빠진 사람에게도 그런 일이 자주 일어납니다. 특히 지적으로 매우 우수하지만 감정적인 뒷받침을 받지 못한 청소년은 일종의 자기 방어기제로 자신의 정상적인 감정을 억압하다 보니 친구를 쉽게 사귀지 못합니다.

이런 학생은 평범한 친구가 짝사랑에 빠지거나 연예인을 좋아하면 굉장히 충격을 받습니다. 누군가를 사랑하는 감정 자체가 낯설기 때문입니다. 주위에서는 이런 아이를 따돌리는 경우가 많습니다. 다른 학생이 떠들고 웃을 때 그 감정을 '공감Empathy'할 수 없으니 본인도 힘듭니다. 친구들은 모두 즐겁고 기쁜데 자신만은 그런 분위기에 동참하지 못할 때 외로움은 더 크지요. 반면에 이런 고독감을 있는 그대로 받아들이기보다는 무조건 억압하고 자신이 그 때문에 우울하다는 생각은 하지 못한 채 다른 친구들을 경멸하는 아이도 있습니다.

주위 친구들은 속사정도 모르고 이들을 공주병이니 왕자병이니 하고 빈정대지요. 그러나 실제로 이들은 이 세상에서 내가 제일 잘나고 똑똑하다고 생각하며 다른 사람을 경멸하는 '자기애적 성격장애' 환자라기보다는 잠재된 우울증 환자인 경우가 더 많습니다. 이들은 차라리 울고 웃고 떠드는 유치한 친구가 더 부러울지도 모릅니다. 하지만 이 감정을 인정하면 스스로가 비참하고 자존심 상하기 때문에 '나는 그런 쪽과는 상관없는 어른스러운 아이'인 것처럼 행동하는 것이지요.

주위에 이런 친구가 있다면 무조건 따돌릴 것이 아니라 그 친구의 상처받은 마음을 들여다보기를 바랍니다. 스스로가 이런 유형이라고 생각한다면 지금이라도 자기 자신이 원하는 게 뭔지, 있는 그대로 솔직하게 받아들이고 정확하게 파악하여 스스로의 감정에 충실할 필요가 있습니다.

사춘기 시절에 누군가를 짝사랑하고 연예인이나 운동선수를 흠모하는 경험을 하지 못하고 넘어가는 경우에는 나이 들어 엉뚱한 '일탈 행동Deviant Behavior'을 할 수도 있습니다.

너는 참으로
아름답다

66 저는 학교에서 집으로 돌아올 때가
가장 외로워요. 다른 아이들은 친구를 만나서 삼삼오오 짝지
어 가는데 저만 혼자랍니다. 왜 제겐 매일 만나서 수다 떨고,
매일 학교와 집을 오가고, 매일 문자를 주고받는 친구가 없을
까요?

저는 시력이 약해서 안경을 끼는데 그것 때문에 인상이 차
갑다는 이야기를 자주 듣습니다. 차가운 인상 때문에 친구가
없나 싶어 안경을 벗고 머리 스타일도 다르게 해보았지만 여
전히 인상이 차갑다는 소리를 듣습니다. 제가 이 세상에서
가장 듣기 싫은 소리는 쌀쌀맞아 보이고 공부 잘할 것 같다
는 소리입니다. 차가운 첫인상이란 그야말로 편견 아닌가요?
정말 제 인상 때문에 친구가 없는 것일까요? 99

청소년 시기 가장 큰 고민 중 하나가 외모가 못생기거나 괴상해서 친구 사귀기가 힘들다는 것입니다. 발은 커지는데 몸은 자라지 않는 자신이 괴물 같다고 생각하는 아이도 있습니다. 어렸을 때의 귀여운 모습이 사라지니 얼굴이 이상하게 변하는 게 아닌가 걱정도 합니다. 나이가 들면 옷이나 머리 모양을 바꾸어보고 화장 등으로 결점을 감출 수 있지만, 똑같은 교복과 획일적인 머리 스타일로 다니는 청소년 시기에는 자신의 이미지를 만드는 게 어렵습니다.

스무 살 이전의 외모가 어떻든 앞으로 어떻게 살아나가며 어떤 생각을 하느냐에 따라 나는 얼마든지 바뀔 수 있습니다. 아무리 예쁜 얼굴이라도 매일 속을 끓이고 화를 내고 울면 얼굴이 흉하게 일그러질 수 있고, 못생겼다 하더라도 항상 웃고 행복하게 지내면 얼굴도 환하게 바뀝니다. 얼굴 세포는 중추신경의 지배를 받기 때문에 자신이 어떤 마음을 갖느냐에 따라 얼마든지 변할 수 있습니다. 성형수술을 할 수도 있지만, 먼저 자기가 불행하다는 생각을 버려야 성형수술 결과에도 만족할 수 있습니다.

차가운 인상 때문에 친구 사귀기가 힘들다고 고민하지만, 그런 외모임에도 친구들에게 항상 친절하고 상냥하게 대하면 친구들의 평가도 금방 달라지지 않을까요. 개그맨 중에는 전혀 개그를 할 것 같지 않은데도 시침 뚝 떼고 웃기는 말을 하는 사람이 많잖아요. 영화배우 중에도 매우 차가워 보이고 전형적인 미인과는 거리가 먼 데도 아름답다는 소리를 듣는 사람이 있습니다. 미국 영화배우 메릴 스트립은 얼굴과 코는 길고 입이 작아서 인상이 매우 답답하고 깍쟁이 같은데 그녀가 나온 영화 〈맘마미아〉를 보면 얼마나 아름답고 사랑스러운지 감탄하게 됩니다.

단점이라고 생각하는 외모도 자신감을 가지고 가꾸면 장점이 될 수 있습니다. 안경 때문에 차가운 인상이라면 부드럽고 편한 선과 파스텔 톤의 안경을 선택해보세요. 옷도 분홍이나 빨강 같은 따뜻한 느낌의 색깔을 골라보세요. 색깔에도 심리가 있어서 검은색이나 회색은 근엄하고 딱딱한 느낌을 주지만 갈색은 지적인 인상을 심어줍니다. 노란 계열은 경쾌하고 발랄하고 파란 계열은 안정감이 있지만 약간 우울하게 만들어주지요. 붉은 계열은 '열정'을, 초록 계열은 '젊음'과 '건강'을 떠올리게 합니다. 흰색은 순수하지만 어딘가 연약하다는 느낌을 줍니다. 보라색은 창조성과 개성을 내포하고 있지요. 색깔의 상징을 알면 사람을 만날 때 그 사람에 맞춰 색깔을 고르는 것도 가능합니다.

옷차림도 언어와 커뮤니케이션의 통로가 됩니다. 단정한 정장차림을 한 사람은 길거리에서 눈살이 찌푸려질 만큼 난잡한 행동을 하지 않습니다. 정서적으로 불안정하고 남에게 인정과 사랑을 구하는 사람일수록 눈에 띄는 독특한 옷차림을 합니다. 전통과 억압에 대해 반항하고 싶은 마음이 전혀 없는데 일부러 청바지를 찢고 괴상망측한 차림을 할 리 없습니다.

이미지는 단순하게 얼굴 생김새와 언어만으로 결정되지 않습니다. 어떤 옷차림을 하느냐, 어떤 태도로 앉고 서느냐, 어떤 표정으로 상대방의 이야기를 듣느냐 등 모든 것이 어울려 한 사람의 이미지를 만듭니다.

자신의 이미지가 차갑다는 생각이 들면 지금부터라도 따뜻한 느낌으로 바꾸어보도록 노력하세요. 2~3년만 지나면 거울에서 전혀 다른 온화한 얼굴을 발견할 수 있을 거예요.

나도 잘하는 것이 있을까?

언니가 책을 좋아해서 우리 집에는 책이 많습니다. 언니와는 반대로 저는 끈기가 없어서 책 한 권을 끝까지 읽지 못하고 글도 잘 쓰지 못합니다. 그런데도 언니와 저는 같은 핏줄이니까 저도 언젠가는 문학소녀가 될 수 있을 것이라는 희망을 품고 있습니다. 때로는 언니 방에서 꺼낸 책을 학교에 들고 가서 제가 읽은 것인양 자랑하기도 합니다.

그것도 모르고 친구들은 제가 문학소녀인 줄 알고 있습니다. 그러나 솔직히 저는 글을 잘 쓰지 못합니다. 일기를 쓰려고 해도 떠오르는 게 없고 시 한 줄 제대로 쓰지 못합니다. 평범한 제 글이 유치하기는 하지만 그래도 언젠가는 나도 그럴 듯한 글을 쓸 것이라는 희망을 갖고 있습니다. 글을 잘 쓰지도 못하고 책을 끝까지 읽지도 않으면서 '나는 문학소녀'라고 자랑하고 다니는 제 모습이 이상한가요?

문학소녀적인 치기를 부리면서 언젠가는 좋은 글을 쓰는 위대한 문인이 될 것이라고 믿거나 친구들 앞에서 자기가 읽은 책을 자랑하고 싶어 하는 마음은 사춘기 소녀로서는 충분히 가질 수 있는 행동입니다. 그러나 자기 현시욕의 노예가 되어 문학에 대한 열정도 없는데 다른 사람에게 잘 보이기 위한 하나의 치장으로 문학을 택해서는 안 됩니다.

좋은 글을 쓰는 비결에 대해서는 수천 년 동안 많은 사람이 여러 가지 이야기를 해왔습니다. 잘 쓰겠다는 욕심을 부리거나 남들에게 잘 보이겠다는 마음을 버릴 것, 어설프게 대가의 흉내를 내지 말 것, 함부로 감정에 치우치거나 반대로 이성적인 것이나 지식에만 매달리지 말 것, 다른 사람의 평가를 의식해 시류나 유행을 따르지 말 것, 자기 글을 끊임없이 비판적인 눈으로 보면서 반성을 게을리 하지 말 것 등입니다.

그런 방법론이나 실제적인 작문법을 익히는 것도 필요하지만 정말 알아두어야 할 것은 따로 있습니다. 좋은 글은 좋은 생각에서 나온다는 것, 또 좋은 생각은 바른 인격에서 나온다는 지극히 평범한 원칙을 지키는 것입니다.

세상 사람은, 특히 글을 좋아해서 독서를 하는 독자는 작가보다 훨씬 현명해서 작가가 조금이라도 작위적인 모습으로 허풍을 떨면

금세 알아차립니다. 작가가 거만한 얼굴로 독자를 내려다보아도 마
찬가지이지요. 너무 무식해서 엉뚱한 소리를 해도 독자는 금세 책
을 팽개쳐 버립니다. 이 세상 어딘가에는 나보다 더 많이 알고 더
좋은 작가 정신을 가진 훌륭한 독자가 숨어 있다는 생각을 한시도
버리지 않는다면 언젠가는 좋은 글을 쓸 수 있을 것입니다.

완벽하게 훌륭한 문장을 쓸 수 있는 작가는 이 세상에 없습니
다. 그런 작품은 신의 영역일 것입니다. 그러나 끊임없이 노력하면
서 자신의 정신세계에 대해 겸손한 태도로 최선을 다한다면 그 글
의 완성도나 역사에 대한 기여도를 떠나 그 작가는 성공한 것이
라고 생각합니다. 어떤 일이건 완벽한 사회적 성공, 그 자체를 목
표로 한다면 절대로 성공할 수 없습니다. 이제 더 이상 올라갈 곳
이 없다고 믿는 고지 저편에서 항상 무언가가 기다리고 있기 마련
이니까요. 그러나 그 길을 올라가는 과정에서 흘리는 땀과 눈물을
사랑한다면 그 사람의 인생은 성공한 것입니다.

이제 막 인생을 시작하는 젊은 예술가가 어디선가 이 글을 볼
것 같은 느낌이 드네요. 그들의 꿈과 이상이 각고의 노력으로 개화
하는 그날을 기원합니다.

외모 콤플렉스를 느껴본 적이 있나요?

★_자기 외모에 완벽하게 만족하는 사람을 주위에서 본 적이 있나요? 만약 있다면 스스로 미남미녀라고 생각하는 그 사람에 대해서 어떤 기분이 드나요?

★_내 외모 중 마음에 들지 않는 부분을 감추려고 했을 때와 씩씩하게 드러냈을 때 기분은 어떻게 다른가요?

★_부모 형제와 함께 있을 때 그 사람의 외모를 주로 관찰하나요? 아니면 서로 대화를 하는 편인가요?

★_주위에서 내가 가장 존경하고 사랑하는 사람의 외모에 대해서 생각해보고, 글로 적어보세요.

★_내가 그 사람을 좋아하고 따르는 이유에 대해서도 자세하게 써봅시다.

★_다른 사람이 지적하는 나의 좋은 점, 호감을 사는 면에 대해서 써보세요.

★_위의 질문에 대한 대답 중 자신의 외모와 관련 있는 부분은 몇 개인지 생각해봅시다.

" 독립하려면 경제적인 능력이 뒤따라야 합니다.
자신의 '입'과 '잠자리'를 스스로 책임지고 해결해야 합니다.
혼자 있어도 정서적으로 안정될 때
독립을 꿈꾸어야 합니다. "

3 장
왜 우리 집은 뒤죽박죽일까?

가난에서
벗어나고 싶어요

> **66** 부모님은 새벽 2시에 시장에 나가서 하루 종일 밖에서 장사를 하십니다. 그러나 부모님이 아무리 열심히 일해도 치솟는 전셋값을 감당하지 못하는 걸 보면 이 사회는 뭔가 잘못되어도 크게 잘못되었다는 생각이 듭니다. 지금 당장 학교를 때려치우고 떼돈을 벌 수 있는 방법을 찾고 싶습니다. 부모님처럼 성실하게 살아도 평생 돈을 모으기 어려울 것 같습니다.
>
> 부모님의 바람은 제가 공부를 잘해 좋은 대학에 가고 좋은 회사에 취직하는 것이지만 부모님의 바람처럼 된다 해도 집안 형편이 좋아질 것 같지는 않습니다. 이 세상은 착하게 사는 사람들에게 한없는 노력을 강요하지만 정작 우리에게 돌아오는 것은 아무것도 없습니다. 과연 착하게 살 필요가 있을까요? 이 세상에 복수하고 싶은 마음뿐입니다. **99**

열심히 일하는데도 항상 고생만 하는 부모님을 지켜보는 건 몹시 속상한 일이지요. 가난한 사람에게 기회를 주지 않는 공평하지 못한 이 세상에 대해 화가 날 법도 합니다. 운 좋은 부자들은 수백억, 수천억의 돈을 단번에 벌고 쓴다고 하는데, 집 한 칸 마련하지 못하고 돈에 허덕이며 살아야 할 때는 모순에 가득 찬 이 사회가 원망스럽습니다. 어떤 이는 제대로 일하지 않고도 호화롭게 지내고, 어떤 이는 고생하며 일해도 형편이 나아지지 않는지 이해할 수 없습니다.

이런 극단적인 빈부격차와 모순 때문에 사회주의나 공산주의 이론이 나왔습니다. 자신의 정당한 노동 생산량에 따라 자본을 배분하는 사회, 그래서 부자도 가난한 자도 없이 모든 사람이 만족하면서 공평하게 일할 수 있는 사회, 그런 이상향을 그렸지만 현실에서는 많은 부작용을 낳았습니다.

어느 정도 사회경제적인 수준이 높아지면 실업수당이나 세금의 차등 부과 등 사회의 여러 제도를 통해 빈부격차를 줄일 수 있습니다. 하지만 과격한 방식으로 공산주의를 택한 나라는 대부분 경제에서 실패하고 말았습니다. 기본적인 이론은 간단합니다. 사람의 심리는 이기적이기 때문입니다. 무엇이든 자기 것이 되어야만 소중하게 생각하고, 자기에게 이로워야 신나게 일하는 것이 사람입니다. 사람의 의욕은 고차원적인 철학이나 도덕적인 윤리의식에서 나오는 게 아니라 이기심에서 기인합니다. 그러니 어느 정도의 모순과 부조리를 감내하더라도 '자유'와 '사유재산제도'는 존중해주어야 하는데 공산주의와 사회주의는 그렇지 못했습니다.

부모님이 고생하는 것이 안쓰럽고, 모순에 찬 세상에 복수하고 싶지만 과연 그것이 현실적으로 가능할까요? 그보다는 자신이 빨리 실력을 갖추어 부모님의 힘든 일손을 덜어주는 게 실현가능성이 더 높지 않을까요? 만약 그 몇 년을 기다리지 못하고 엉뚱한 방식으로, 그야 말로 나쁜 짓이라도 해서 성공할 생각이라면, 내가 가장 안쓰럽게 생각하는 부모님의 마음을 지금보다 몇 배 더 아프게 할 것입니다.

우리가 잘 알면서도 쉽게 잊는 진실이 있습니다. '재산이 많으면 많을수록 행복도 반비례한다'라는 것입니다. 돈은 사람의 마음을 갈라놓고 서로 시기하고 질투하게 만드는 요물이 될 수 있습니다. 옛날 이야기에 나오듯 길거리에서 금덩어리를 주워도 집안의 화목을 위해 버릴 수 있는 진정한 용기를 가지고 있는 이들이 요즘은 아쉬운 세상입니다.

비록 돈은 적게 갖고 있지만 가족이 화목하면 마음은 이미 부자입니다. 이런 넉넉한 마음으로 미래를 위해 노력한다면 더 좋은 결과를 얻을 수 있을 것입니다.

부모님처럼
살지 않을래요

66 아버지는 어렸을 때 고아가 되어서 교육의 혜택을 거의 받지 못하고 자랐습니다. 그래도 '법 없이 살 사람'이라는 칭찬을 주위에서 듣고 있습니다. 아버지는 이웃의 소중함과 가난한 사람들의 어려움을 잘 알고 있으며 가족에 대한 사랑이 지극합니다. 외할머니와 외할아버지도 오래 전부터 우리 집에서 모시고 있습니다.

아버지는 수십 년째 공사장에서 일하고 있는데, 어렸을 때부터 따뜻한 식사를 하지 못하고 자주 굶으셨기 때문인지 몸이 허약합니다. 여름철이면 땀이 비 오듯 쏟아져 작업복이 누렇게 변하고, 겨울철이면 손과 발에 동상이 끊이지 않고, 자주 다쳐 늘 피멍이 들어 있습니다. 그런 아버지를 보면 가슴이 먹먹하고 눈물이 나옵니다. 아버지를 미워하는 것도 아니고 오히려 존경하는 마음이 큽니다. 그런데 왜 아버지와 같이 있는 게 싫을까요? 아버지의 힘겨운 삶이 그대로 드러나는 얼굴을 마주하고 싶지 않을까요? 99

풍요로운 시절에 태어나 풍요롭게 사는 데 익숙한 요즘 신세대는 부모 세대의 가난과 어려움을 이해하지 못합니다. 미련하게 일만 하고, 돈 한 푼에도 아등바등하고, 가끔 이해할 수 없는 이유로 과격해지는 부모님을 이해할 수 없습니다. 아버지의 초상은 대부분 어둡고 무섭습니다. 유머 감각이 있거나 지혜를 갖춘 아버지보다는 지나치게 경직되어 있거나 때로는 예측 불가능의 폭발적인 면을 가진 아버지가 더 많습니다.

〈디어 헌터〉라는 반전反戰 영화가 있습니다. 전쟁터에서 돌아와 사회에 제대로 적응하지 못하는 참전용사를 그린 영화입니다. 전쟁터에서 살아 돌아온 사람들은 '외상 후 신경증'과 비슷한 증세를 보이는 경우가 많습니다. 충동적인 성격, 비사교적인 면모, 우울감이나 불안 등이 그 증상인데 어린 시절에 가난을 겪은 부모님 중에도 힘든 환경에서 기인한 신경증적인 증세를 앓는 분이 많습니다. 어린 시절에 부모님을 잃고 혼자 자란 분이라면 그 고생이 이루 말할 수가 없었을 것입니다. 성장기에 필요한 영양분을 섭취하지 못하면 영양실조에 걸려 두고두고 고생하듯, 어린 시절에 부모님을 잃게 되면 그것이 상처로 남아 나이가 들어서도 정신적인 합병증을 앓을 수 있습니다.

다행히 심성이 강한 사람은 부모 없이도 정서적 성장의 과정을 잘 넘겨 좋은 부모가 되기도 합니다. 정상적인 부모 밑에서 편히 자란 사람에 비해 몇 배 이상 노력을 기울여서 그 자리에 온 것입니다. 질문을 한 학생의 아버지는 돈을 많이 벌지 못하고 아는 것도 없지만 고아로 자라면서도 남들에게 '법 없이 살 수 있는 사람'이라는 소리를 듣고 있다면, 굉장히 훌륭한 분입니다. 눈에 보이는 껍질은 보잘것없더라도 아버지의 내면은 이 세상 누구보다 강하고 깊이가 있을 거예요.

고생하며 살았던 아버지의 모습이 보기 싫어서 집에 들어가기도 꺼려진다면 이는 비겁한 일인 동시에 진짜 소중한 모습을 보지 않고 눈을 감아버리는 미련한 짓입니다. 깊은 주름살 너머로 보이는 아버지의 진실하고 깊이 있는 눈을 보십시오. 그리고 아버지의 눈 속에 담긴 힘들었던 세월의 아름다움과 성숙함을 느껴보세요. 만약 그 감정을 느끼지 못한다면 아버지뿐 아니라 어떤 사람과도 진정한 사랑을 할 수 없을 것입니다.

아버지의 늙고 병든 모습은 앞으로 내가 인간으로서 당연히 걸어가야 할 노년의 모습이기도 합니다. 힘겨운 삶이 고스란히 배어 있는 아버지의 모습을 사랑하는 것은, 미래의 나 자신을 사랑하는 것입니다. 그 사랑의 길을 선택하는 것이 쉽지 않겠지만 그래서 더 가치 있을 거예요.

두 얼굴의
아버지

> 괜찮아, 열일곱 살

66 아버지는 집에서 어머니를 '야'라고 부릅니다. "야, 물 가져와" "야, 밥 차려와" 하고 어머니를 부릅니다. 아버지는 집에 들어오면 텔레비전 리모콘을 이리저리 돌리거나 담배 피우는 게 고작입니다. 필요한 것이 있으면 밤 12시에도 어머니나 저희를 불러 시킵니다.

아버지는 직장에서 부장으로 일하고 있는데 집에 부하 직원을 자주 데리고 옵니다. 그럴 때마다 어머니는 음식 장만하느라 다음날 몸져누울 정도로 고생이 많은데 아버지는 그까짓 부엌일이 뭐가 힘드냐고 오히려 화를 냅니다. 아버지와 함께 온 회사 사람들은 아버지를 상사로서 좋아하고 존경하는 것 같습니다. 아버지도 다른 사람들이 집에 오면 평소와 다르게 부드러운 말씨를 쓰고 시종일관 웃으며 응대합니다. 왜 가족에게만 상소리를 하고 호통을 치고 거만하고 무서운 사람으로 변하는지 이유를 모르겠습니다. 99

대부분의 아버지는 자녀와 따뜻한 대화를 나누는 일에 익숙지 않습니다. 전통적인 가부장제 때문에 남편은 하늘이고 아내는 땅이라는 식의 사고방식을 가지고 있습니다. 지나치게 강압적이고 힘없는 쪽을 노예처럼 다루어서 복종시키려고 하는 아버지 중에는 집 밖으로 나가면 천사로 변하는 사람도 적지 않습니다. 아버지의 이런 이중적인 얼굴에 자녀는 실망하고 분노를 느낍니다. 아버지가 위선자라는 느낌 때문에 겉으로는 아버지를 존경하고 무서워하는 척하지만 실제로는 아버지를 무시하고 경멸합니다.

사회가 많이 변한데다 영화나 텔레비전 드라마에서 서로 사랑하는 사람들끼리 자연스럽게 애정을 표현하는 것을 보고 자란 청소년은 어머니를 종처럼 부리는 아버지를 이해할 수 없습니다. 그렇게 살려면 차라리 이혼을 하지 왜 같이 사느냐고 이야기합니다. 정신과 의사의 눈으로 볼 때도 불공평한 부부 관계는 건강하지 않습니다. 그러나 자녀의 입장에서 아버지와 어머니의 관계에 대해 지나치게 걱정하고 그 때문에 영향을 받는다면 그 또한 바람직하지 않습니다. 부모의 문제는 어디까지나 두 사람의 문제이고 자녀는 제삼자입니다. 아버지와 어머니가 이혼을 하든 불화의 상태에서 평생을 보내든 그분들은 다 자란 성인이므로 부모님의 의견과 선택을 존중해야 합니다. 물론 아버지가 어머니를 육체적으로 학대하거나 구타하는 경우는 또 다르지요. 자신의 힘으로 아버지의 폭력을 제어하지 못할 경우에는 공권력을 이용해서라도 그 행동을 막아야 합니다.

아버지가 어머니를 무시할 때, 자칫 잘못하면 자신도 아버지나 어머니를 무시할 수 있으니 주의해야 합니다. 어머니가 미련하니까, 혹은 아버지가 성숙하지 못하니까 저렇게 산다는 식으로 생각하다 보면 부모에 대한 경멸의 마음이 커질 수 있습니다. 한걸음 더 나아가서 부모가 그러니까 나도 함부로 살겠다는 식으로 생각해서 문제아가 되는 수도 있습니다. 부모의 불화나 불공평한 관계 때문에 자신의 인생을 망친다면 어리석은 일입니다.

부모의 불행한 결혼 생활을 타산지석으로 삼아 자신의 결혼생활은 잘 가꾸어나갈 수 있도록 노력하고, 아버지 몫까지 어머니를 도와드리길 바랍니다. 당당하고 자신 있게 자신의 의사를 표현할 수 있도록 어머니를 격려하고 위로하길 바랍니다. 사람들은 만성적으로 무시당하고 부정적인 이야기를 듣게 되면 스스로 못난 줄 착각합니다. 이럴 때 자식까지 어머니는 왜 못나게 그런 대우를 받고 사느냐고 말하면 안 됩니다. 오히려 "아버지가 그런 식으로 어머니를 함부로 대하셔도 저는 어머니를 존경합니다. 어머니, 자신 있게 사세요. 언젠가는 아버지도 지난 일들을 반성하실 겁니다"라고 따뜻하게 위로해드리길 바랍니다.

가족의 우울증도 전염되는 것일까요?

> **“** 저는 집에서 어머니와 단 둘이 지낼 때가 많습니다. 아버지는 사업 관계로 대부분의 시간을 외국에서 보냅니다. 가끔 집에 오셔도 늘 누군가를 만나러 나가기 때문에 얼굴 보기가 힘듭니다.
>
> 어렸을 때는 어머니의 외로움을 몰랐지만 철이 들면서 생각해보니 어머니께서 늘 아파보이고, 말수가 적은 게 외로움 때문이라는 생각이 듭니다. 저는 집 안과 집 밖에서의 생활이 많이 다릅니다. 집에서는 조용하고 방안에 혼자 있는데, 밖에 나가면 백팔십도 변하지요. 목소리 톤이 올라가고 친구들이 집에 가버릴까봐 이런 저런 놀이를 제안하고 용돈을 탁탁 털어서 신나게 놉니다. 친구들은 제가 광적으로 노는 화끈한 아이라고 생각합니다. 그러나 친구들과 헤어져 집으로 돌아오면 다시 혼자라는 외로움을 절실하게 느낍니다. 혼자 있는 것이 싫고, 어머니가 우울하게 지내는 것이 보기 싫습니다. **”**

우리 현대문학은 '아버지 없는 가정의 불행'을 자주 테마로 다루었습니다. 우리에게 '아버지의 부재'가 왜 뿌리 깊은 상처가 되었는지 역사적으로 살펴봅시다. 우리나라의 근대사는 아버지의 수난으로 점철되었습니다. 일제시대에는 항일운동을 위해 만주나 일본으로 떠나고, 징용과 전쟁에 끌려가 생사를 모르게 된 아버지가 많습니다. 도시로 유학을 가거나 집을 떠나서 직장을 다니는 아버지는 신여성을 만나 새살림을 차린 후 고향의 본처와 가족들을 모른 척하기도 했습니다. 현대에 들어와서도 마찬가지입니다. 아버지가 보다 넓은 세상을 향해 집을 떠날 때 혼자 남은 어머니는 꿋꿋이 남아 가정을 지켰습니다. 남편 없이 시집살이를 하고 자식을 훌륭하게 키워낸 어머니가 많습니다. 그 이후에도 전쟁과 크고 작은 정치적 격동을 거치면서 많은 남자들이 자의 반 타의 반 가정을 떠났습니다. 요즘에는 해외출장이나 파견 근무로 집을 떠나는 아버지도 많지요.

이러다 보니 교육은 어머니 몫이 되었고 자녀도 아버지 없는 가정에 대해 별다른 회의 없이 받아들이고 있습니다. 겉으로는 아버지가 없어도 모든 것이 평화롭게 잘 돌아가는 것처럼 보이니까요. 그러나 이런 가정의 아이는 아버지 없는 자신의 인생을 한탄하며 외로움을 느끼는 경우가 많습니다.

그런 가정에서 자라는 남자아이는 '사회적인 자아를 배우고 확립할 수 있는 남자 또는 아버지' 역할을 제대로 익히지 못해 불안감을 느낍니다. 여자아이도 가정과 사회생활을 양립해가는 아버지라는 모범을 보지 못하고 성장하므로 '사회적 기술Social Skills'을 간접적으로 배우기 어렵습니다. 어머니도 정신적으로나 물질적으로 힘에 부치는 나머지 아이에게 짜증을 냅니다. 이런 어머니 중에 일부는 심리적으로 남편에게 의논하고 기댈 성질의 문제까지 자녀에게 의논하고 기대는 미성숙한 모습을 보이는 사람도 있습니다. 아버지 없이 자란 가정의 자녀는 어머니에게 지나친 애착을 가진 나머지 제대로 결혼생활을 하지 못하는 경우가 많습니다.

가족의 대화도 사라집니다. 오늘날 핵가족은 얼굴을 보지 않고도 얼마든지 생활을 꾸려갈 수 있습니다. 이렇게 살다 보면 정서적으로 서로 의지해야 할 가족의 기능이 사라지고 가정은 하숙집처럼 변하고 맙니다. 이럴 때 '심리적 애착Attachment'의 대상은 가족이 아니라 친구나 애인으로 바뀝니다. 그러나 친구는 친구이고 애인은 애인이기 때문에 가족이 담당할 부분까지 완벽하게 메워줄 수는 없습니다. 이러다 보니 마음 한구석에는 고독, 상실, 허전함 등이 자리잡는 거지요.

가족 안에서 외로움과 답답함을 느낀다면 가족끼리 겉돌지 말고 문제를 털어놓고 서로 의논해야 합니다. "나는 어머니의 우울함이 싫습니다. 왜 어머니는 어둡게 살아요?" 직접적으로 물어보는 것도 괜찮습니다. 또는 "아버지 대신 제가 집안일을 도와드리면 안

될까요?"라면서 어머니를 위로해드리기 바랍니다.

'사람은 결국 혼자'라는 사실을 가족 구성원이 일단 인정하는 것도 필요합니다. 가족이 아무리 서로 사랑한다고 해도 자신의 문제는 자신이 해결해야 합니다. 이 세상에 외롭고 고통 받는 사람은 나 혼자라는 생각에서 벗어나 주위 친지와 솔직하게 의논하고 대화하는 노력을 기울여야 합니다. 혼자 있는 게 싫고 감당할 수 없는 사람은 여러 사람과 어울려 일시적으로 즐겁게 지낼 수는 있지만, 자기소외 같은 심리적 문제가 해결되는 것은 아니니 근본을 치유하도록 노력해야 합니다.

왜 바람을
피우는 걸까요?

" 어렸을 때는 부모님이 자주 싸우는 것이 싫고 무섭기만 했는데 부부싸움의 원인을 알게 되면서부터 저는 부모님을 용서할 수 없습니다. 받으면 그냥 끊어버리는 전화, 늘 외출하는 아버지, 밤늦게 들어오는 어머니의 모습을 도저히 이해할 수 없습니다. 두 분이 각각 다른 사람과 술집에 갔다가 만난 적이 있는데 서로 그놈이 누구냐, 그년이 누구냐며 상소리를 하고 고함을 지른 적도 있습니다. 그럴 때마다 장남인 저는, 울고 있는 동생들을 달래느라고 고생합니다. 아버지께서 바람을 피워 데려온 막내동생은 집안에 적응하지 못하고 어머니의 눈치를 보는데 저 역시 그 아이를 따뜻하게 보살피지 못합니다. 두 분의 책임감 없는 태도가 싫고 원망스럽지만 나까지 집을 나가면 동생들은 누가 돌볼 것이냐 생각하며 마음을 다잡습니다. 어떨 때는 저보다 부모님이 더 어린아이 같습니다. 가끔은 장남이라는 짐을 털어 버리고 자유롭고 싶습니다. **"**

부모와 나는 별개의 인생, 감정적으로 독립해야 합니다

아버지나 어머니의 외도를 알게 되면 자녀는 큰 충격을 받습니다. "바른 사람이 되어라, 공부 잘해라"라고 부모로서 자녀에게 했던 말은 전부 위선인 듯 들리고 내 부모가 거짓말쟁이인 것처럼 이 세상도 허위로 가득 차 있다고 생각합니다. 지금까지 믿었던 어른의 말은 모두 의심하고, 앞으로 어떻게 사는 것이 좋을지 고민합니다.

청소년은 한창 이성과 성에 대한 호기심이 왕성할 나이인데 내 부모님이 그런 추잡한 스캔들을 일으켰다는 사실을 견딜 수 없기도 합니다. 자기 조절이 미숙한 청소년도 자신의 성욕을 참는데, 왜 나이 든 어른이 그런 참을성이 없는 것인지, 심한 경우에는 부모의 얼굴만 봐도 구토가 날 것 같다는 학생도 있습니다.

이것은 신성한 혼인계약을 깨고 자신의 배우자를 속인 채 이중생활을 한 부모에게 일차적인 책임이 있습니다. 예민한 감성의 사춘기 자녀를 둔 부모가 자녀의 감정에는 무관심하면서 자신의 본능에만 충실하다면 그 부모에 대한 존경심이 생기지 않는 건 당연한 일입니다. 그러나 자녀로서 그런 부모를 미워하고 그 분노 때문에 자신의 소중한 삶조차 함부로 한다면 그게 해결책이 될까요? 부모가 나쁜 사람이니 나도 나쁜 사람이 되겠다고 생각하는 건 유혹에 굴복하는 자신에 대한 하나의 핑계에 지나지 않습니다. 어려서 부모를 잃은 사람도 꿋꿋하게 자기 길을 용감하게 개척해 나가는데, 부모가 실수했다고 나까지 중심을 잃고 나쁜 모습을 닮아야 할까요? 만약 그렇다면 나는 부모를 비난할 권리가 있을까요?

질문을 한 친구는 부모에게 그런 약점이 있음에도 부모 대신 동생들에게 맏형 노릇을 하고 자기 삶의 주인이 되기 위해 노력하고 있습니다. 자신이 겪는 심리적인 갈등을 이겨내고 자기보다 약하고 어린 동생들에게 부모 역할이 무엇인지 보여주고 있으니 참으로 대견합니다.

자신의 짐을 털어버리기 위해서는 우선 감정적으로 독립해야 합니다. 부모와 나는 별개의 인생이라는 것을 확실히 인정해야 합니다. 걸핏하면 독립을 주장하는 많은 청소년이 부모의 인생과 자신의 인생을 명확하게 구분하지 못한 채 부모의 결점을 그대로 모방합니다. 이런 사람은 부모에게서 자유롭게 독립할 수 없습니다. 질문을 한 학생은 너무 괴로워하지 말기 바랍니다. 부모의 실패나 좌절은 앞으로 내 인생을 살아가는 데 좋은 지침이 될 것입니다. 스스로 시행착오를 겪는 것보다는 부모의 시행착오를 간접 경험했다고 믿는 것이 더 낫지 않을까요?

부모님이 싸울 때는 '적어도 내 문제는 아니다. 저건 어디까지나 부모님이 해결해야 할 일이다'라고 거리를 두기 바랍니다. 결코 무책임하다고 비난받을 일이 아닙니다. 아직 경제적으로나 감성적으로 완전한 독립이 힘든 청소년으로서는 그런 자기보호적인 태도를 갖는 것이 어려움을 조금이나마 극복하는 길입니다.

냄새 나는 할머니와 같은 방을 쓰기 싫어요

괜찮아, 열일곱 살

66 우리 가족은 할머니를 포함해서 6명이 좁은 평수의 아파트에서 삽니다. 방 3칸인 아파트에서 부모님이 큰방을 사용하고 할머니가 중간방을 사용하고 오빠 2명이 함께 작은 방을 씁니다. 저는 할머니와 같은 방을 사용하는데 할머니에게서 나는 냄새 때문에 견딜 수가 없습니다. 할머니 입에서는 악취가 나고 할머니 이불이나 옷에서도 눅눅한 냄새가 납니다. 어머니에게 그 냄새를 못참겠다고 말했다가 야단을 맞기도 했습니다. 할머니는 저와 오빠들을 끔찍하게 아껴주시지만 방문을 열면 확 풍거 오는 할머니 냄새 때문에 기분이 상합니다. 할머니의 냄새를 견디지 못하는 제가 어머니 말대로 인정머리 없고 나쁜 아이인지 모릅니다. 그러나 제 몸에서도 할머니의 이상한 냄새가 나는 것 같아서 참을 수 없습니다. 할머니의 냄새가 코를 자극하는 기분이 들 때면 눅눅한 방이 생각나고 기분이 한없이 우울해집니다. 99

요즘은 조부모를 모시고 사는 가정이 흔치 않습니다. 할아버지 할머니가 도시생활을 불편해 하시는 데다가 젊은 사람 쪽에서도 노인과 함께 사는 것을 불편해 합니다.

핵가족과 대가족은 어느 한 쪽이 우월한 제도라고 말할 수 없습니다. 핵가족은 집안일의 중심이 부부와 자녀가 되니 단출하고 편리합니다. 어디를 놀러가도 젊은 사람 중심으로 움직이고 외식을 해도 각자 입맛에 맞출 수가 있습니다. 대가족에 비해 친지나 손님도 많이 드나들지 않기 때문에 각자의 사생활이 존중되고 비교적 쾌적하게 생활할 수 있습니다. 반면에 핵가족은 한 번 관계가 틀어지면 완충작용을 해줄 어른이 없기 때문에 갈등이 생기면 그 여파가 오래 지속됩니다. 통계적으로 보아도 핵가족 쪽이 이혼이 많고 자녀 학대도 잦은 편입니다. 이런 가정에서는 아이 중심으로 집안일이 돌아가다 보니 자녀는 인내심이나 배려, 함께 나누는 습관을 배우기 어렵습니다.

대가족의 경우도 장단점이 있습니다. 어른을 모시고 사는 탓에 말 한 마디라도 조심하게 되니 이를 보고 배우는 자녀 역시 예의바르게 성장할 수 있지요. 남을 위해 자기를 희생하는 참을성도 간접적으로 배웁니다. 부모에게 불만이 있을 경우 조부모님과 상의할 수도 있으니 부모자식 간의 갈등도 비교적 쉽게 풀립니다. 친척이 자주 드나들기 때문에 굳이 캠프나 시설에 자녀를 보내지 않아도 올바른 사회성을 키울 수 있습니다. 그러나 불편한 점도 많습니다. 자녀의 취향보다는 모시고 사는 부모님을 배려해야 하기 때문에 자녀들은 고리타분하고 재미없다고 느낄 수 있습니다. 대도시에서는 주택 사정이 나빠서 어쩔 수 없이 할머니 할아버지와 같은 방을 쓰기 때문에 불편함이 큽니다. 텔레비전이나 라디오의 취향도 다르고 수면 습관도 다르지요. 아이에게 특유의 젖 냄새가 나듯이 노인 특유의 냄새가 날 수도 있습니다.

그러나 나이가 들었다고 해서 꼭 악취가 나는 것은 아닙니다. 그보다는 기력이 쇠해서 제대로 씻지 못하거나 스스로 빨래를 하지 못해서 혹은 속옷을 자주 갈아입지 못하거나 이불을 제때 볕에 말리지 못해서 그럴 확률이 큽니다. 할머니와 같은 방을 쓰면서 눅눅하고 퀴퀴한 냄새를 느낀다면 왜 해결법을 찾지 않는 것인가요? 할머니와 같이 목욕하고 속옷도 챙겨 드리고 이부자리도 보살펴 드린다면 얼마든지 해결할 수 있는 문제가 아닐까요.

우리나라에서 부모가 자식을 잘못 키우고 있다고 생각할 때가 간혹 있습니다. 자기 일은 자기가 알아서 할 수 있게끔, 또 집안일도 어머니만의 몫이 아니라 가족 구성원 모두의 일이라는 것을 가르쳐야 합니다. 자녀들은 앉아서 공부한다는 핑계로 부모가 해주는 모든 것을 누리기만 하는 것은 아닌지요.

할머니와 방을 함께 쓰는 학생의 경우도 그런 냄새 때문에 못 견디겠다면 스스로 방 청소도 하고 환기도 하고 빨래를 하는 적극

성을 보여야지, 자기 처지를 한탄하고 있어서는 안 됩니다.

할머니 할아버지와 지내다 보면 또래 친구들에게서는 배울 수 없는 지식과 지혜를 얻을 수 있습니다. 지금부터 수십 년 전의 세상은 어땠는지, 전쟁은 얼마나 비참했는지, 농사는 어떻게 짓는지, 제사는 어떻게 지내야 하는지, 물어볼 수 있는 일들이 얼마나 많은가요. 서양의 새로운 문물, 새로운 정보를 받아들이는 것 못지않게 지나간 우리의 과거사를 기억하는 것도 중요합니다. 과거라는 토대 없이는 미래가 있을 수 없으니까요.

과거의 정보를 잔뜩 가지고 있는 할머니 할아버지에게 진짜 인생과 살아 있는 역사를 배워봅시다. 그렇다면 냄새쯤은 간단히 이겨낼 수 있지 않을까요.

나는 집안의 천덕꾸러기
그래서 늘 외로워요

66 저는 2남 2녀 중 둘째인데 위로는 오빠, 아래로는 남동생과 여동생이 있습니다. 오빠는 집안의 장손이어서 부모님의 관심의 대상이고 남동생은 몸이 약해 부모님의 관심과 걱정이 이만저만이 아닙니다. 그리고 여동생은 늦게 본 자식이라 애지중지 하십니다. 저만 부모님의 관심에서 제외되었다는 기분을 떨칠 수 없습니다. 그럴 때마다 부모님은 "열 손가락 깨물어 안 아픈 손가락이 있느냐"고 타이르지만, 집안 심부름이나 양보할 일이 있으면 으레 제 차지가 되는 것이 속상합니다. 저는 집안의 천덕꾸러기입니다. 빨리 자라서 독립하고 싶은 마음뿐입니다. 제가 집에서 없어진다고 해도 식구들은 아무도 아쉬워하지 않을 것입니다. 99

신세대 엄마는 남자아이와 여자아이를 구별하지 않고 자녀를 키우지만 과거 세대에서는 차별을 많이 하는 편이었습니다. '열 손가락 깨물어서 안 아픈 손가락 있느냐'고 하지만, 그런 속담이 입에 자주 오르내리는 이유도 자녀를 차별하고 키웠기 때문이겠지요. 딸아들을 구별할 뿐만 아니라 장자상속의 관습 때문에 맏아들과 둘째, 셋째를 차별하는 집도 많았습니다.

이제는 남존여비 사상이 비교적 없어졌지만 부모 개개인의 심리적인 문제로 자녀를 무의식적으로 차별하는 경우도 있습니다. 배우자가 가진 단점을 꼭 닮았기 때문에 "피는 못 속여" 하면서 애꿎은 자녀를 미워합니다. 내 결점을 빼닮은 자녀를 일부러 멀리하기도 하지요. 마치 어릴 때 내 모습을 보는 것 같아서 싫다는 것입니다. 혹은 부모가 몹시 싫어하는 대상, 예컨대 시어머니, 장모, 시누이 등을 닮은 자녀가 싫을 때도 있습니다.

정신분석 용어로 말하자면 일종의 '전이 Transference' 현상입니다. 과거에 자신이 받은 상처로 인해 상대방에 대해 비정상적이고 이해할 수 없는 감정상태가 일어나는 것입니다. 엄하고 무서운 아버지 밑에서 자란 사람이 나중에 권위를 내세우는 상사나 선생님에게 몹시 반항을 하는 것도 이런 이유 때문입니다. 자식에게도 이런 이상한 감정을 무의식적으로 느끼는 부모가 있습니다.

반대로 부모는 별로 불공정하게 대하지 않았는데 자식 쪽에서 지나치게 사랑을 갈구하는 나머지 이유 없는 결핍감을 느낄 수도 있습니다. 다른 형제에게는 관심을 보이지 말고 나만 사랑해달라는 것이지요. 집안에서 소외된 것 같아 외롭고, 내가 없어도 식구들이 아무도 아쉬워하지 않을 것 같아 그냥 아무 준비 없이 집을 뛰쳐나가고 싶은 마음도 듭니다. '눈앞에서 내가 사라져봐야 내가 얼마나 이 집에서 중요한 존재인지 알 것이다. 나를 찾아 여기저기 헤매고 걱정 좀 해봐라'라고 심술부리는 마음이 들 수도 있습니다. 이것은 가족에게 내가 중요한 존재라는 것을 과시하고, 가족의 사랑을 목마르게 찾고 있다는 것을 알리려는 마음 아닌가요. 그런 외로움 때문에 가출하는 것이라면 집을 떠났을 때는 더 외롭고 무서울 텐데 혼자서 어떻게 견디려는 것인지요.

형제들 중에서 눈에 띄지 않아, 다른 형제에 비해 부모님이 별 신경을 쓰지 않는다고 생각하는 내성적인 아이일수록 가출하겠다는 말을 자주 합니다. 어차피 집에 있어도 혼자라면 밖에 나가서 부모 간섭 없이 내 멋대로 자유롭게 살아보려는 거지요. 이런 아이는 '독립 Independency'과 '친밀감 Intimacy'에 대한 욕구 사이에서 갈등하고 있는 것입니다. '부모에게 아기처럼 특별하게 보호받고 인정받고자 하는 마음'과 '이제는 나도 하나의 독립된 개체라는 점을 남들에게 선언하고 싶은 생각'이 싸우는 거지요.

이럴 때 어떤 청소년은 충동적으로 엉뚱한 결정을 내리기도 합니다. 부모 형제와 사소한 마찰을 겪고 나서 편지 한 장 달랑 남겨

놓고 먼 곳으로 가는 기차를 훌쩍 타버린다든지 친구네 집에 가서 연락도 없이 며칠 집에 들어오지 않는다든지 하는 겁니다. 그러나 이런 즉흥적인 결정과 행동들은 진정한 독립으로 연결될 수 없습니다. 돈이 떨어지면 집으로 돌아와야 하니까요.

진정한 독립은 경제적인 능력이 따라야 합니다. 자기의 '입'과 '잠자리'를 스스로 책임지지 못하는 독립은 진짜 독립이 아닙니다. 그리고 혼자 있어도 정서적인 안정감이 정신의 내부에서 안정되게 나와 지나친 외로움에 괴로워하지 않을 때 진정한 독립을 할 수 있습니다. 경제적인 능력이 있어도 쉽게 화내거나 변덕을 부려 주위 사람을 피곤하게 만들어 심리적인 도움을 받아야 한다면 진정한 독립이 아닙니다. 또한 나쁜 짓을 해서 겉으로는 경제적인 자립이 가능한 것처럼 보인다 해도 도덕적으로 정당한 사회 구성원이 아니라면 이는 진정한 독립이 아니라 사회에 기생하면서 사는 것입니다. 사회에서 자기의 일을 당당하게 내세울 수 있어야 진정한 독립이 가능합니다.

설령 부모님이 나보다 다른 형제를 더 예뻐한다고 해도 내 인생에 대해서 회의하고 절망할 필요는 없습니다. 나는 '부모님이 사랑하기 때문에 가치 있는 존재'가 아니라 '나 그 자체'로서 충분히 아름답고 훌륭한 사람이기 때문입니다. 누가 나를 좋아하든 말든 또는 존경하든 말든 우선 나의 가치를 스스로 인정하고 사랑할 줄 알아야 합니다. 그런 사람만이 진정한 인생의 승자가 될 것입니다. 내 인생은 부모님이 살아주는 게 아니라 내가 사는 것입니다.

종교를 강요하는 집에서
벗어나고 싶어요

❝ 우리 집은 어머니는 교회의 권사, 아버지는 장로로 일하고 계셔서 어렸을 때부터 온 집안 식구가 교회에 나갔습니다. 그런데 점점 교회에 나가기가 싫습니다. 구역예배를 드리러 우리 집을 찾아오는 아주머니와 아저씨들은 좋은 집안에서 자라서 얌전하다며 저를 칭찬합니다. 그러다 보니 저는 늘 행동거지를 조심합니다. 동네에서도 '권사님 딸', '장로님 딸'로 알려져 있어서 함부로 행동을 못합니다. 때때로 저는 자유롭게 마음대로 사는 아이들의 생활이 부럽습니다. 다른 집처럼 형제끼리 다투기도 하고 세속적인 것에 관심을 가지며 살고 싶습니다. 집안의 종교적이고 무거운 분위기 때문에 저는 마치 중세의 수도원에 살고 있는 것처럼 답답합니다. **❞**

어떤 것에 가치를 두느냐에 따라 집안 분위기도 많이 다릅니다. 종교적인 생활을 우선시하는 집, 제사 등 전통을 지키는 집, 취미생활이나 레저를 중요하게 생각하는 집, 사회적 성취나 명예를 우선으로 하는 집, 돈을 무엇보다 큰 가치로 생각하는 집, 정신적인 대화와 사랑을 제일이라고 믿는 집 등 각 가정마다 신념에 따라 지향하는 바가 조금씩 다릅니다.

종교적인 생활을 중요시하는 집에서는 가정이 종교 행사를 중심으로 돌아갑니다. 일요일이면 아무데도 놀러 가지 못하고 교회에서 살아야 하는 아이도 있습니다. 자동차나 집을 사거나 새로운 일을 시작할 때 굿이나 푸닥거리를 해야 하는 집도 있습니다.

신앙이 독실한 집안에서 태어나 어린 시절부터 종교적인 가르침을 받고 자란 사람 중에는 자아가 확립되는 청소년 시기에 이르면 종교에 대한 회의로 고민하는 경우가 많습니다. 청소년 시기에는 인간적인 욕망과 자연스러운 호기심이 무척 왕성해집니다. 그러다 보니 '죄의식'과 '양심'을 강조하는 종교적인 가풍과 자연스럽게 부딪히게 됩니다. 이 시기에는 자기주장도 하고, 부모가 자녀에게 설교하듯 강요하는 일방적인 대화에도 염증을 느끼며 서로 동등한 입장에서 부모님과 이야기할 수 있게 되기를 원합니다.

자녀도 어느 정도 나이가 들면 자기 나름의 신념과 가치관이 생기게 되어 부모님과 다른 생각을 할 때가 있는데, 부모님은 자기가 깎아 만든 조각품인양 자녀의 개성이나 독자적인 사고방식을 인정하기 싫어합니다.

부모님이 도덕적으로 완벽한 경우, 자녀는 오히려 이런 훌륭한 분을 부모로 둔 사실에 부담을 느낍니다. "너희 부모님은 이런 분인데 너는 왜 이 모양 이 꼴이냐"는 식으로 부모와 자식을 무심하게 비교해서 말하면 자존심이 상합니다.

그때는 어른에게 반항도 해보고 비뚤어진 길인 줄 뻔히 알면서도 잘못된 방향으로 나아가기도 합니다. 일종의 개성 주장이라고 할 수도 있고 주위 사람의 똑같은 사고방식에 진저리가 난 경우일 수도 있습니다. 그런 식으로 자신을 표현할 때 부모님이 나의 진짜 마음을 알아주고 귀 기울여주면 좋으련만 "하느님을 믿어라, 올바른 사람이 되어라"라며 강론 같은 말씀만 하시니 더 속이 탑니다. 내가 정말 원하는 것은 내 마음속 이야기를 잘 들어주는 것이지 설교를 듣는 게 아닌데 부모님은 그걸 몰라줍니다.

그러나 부모님이 지겹고 싫다고 무조건 부모님이 원하는 반대 방향으로 나아가는 것도 성숙한 모습은 아닙니다. 내 생각을 알아주지 않는다고 화를 내고, 부모님께 나의 생각을 막무가내로 인정해달라고 하는 것 역시 진정한 자립은 아닙니다. 부모님이 나의 독자적인 생각을 인정해주기를 바란다면, 나 역시 부모님의 생각을 있는 그대로 받아들일 줄 알아야 합니다.

문제는 각자가 서로의 사고방식을 상대방에게 강요하는 데 있습니다. 부모님의 그런 억지 태도가 미성숙하다고 생각하면 여러분은 앞으로 그렇게 인생을 살지 않으면 됩니다. 여러분이 이런 상황에서 참지 못하고 자신의 화를 풀지 못한 채 상대방에게 스스로의 가치관만 옳다고 주장한다면 내가 싫어하는 부모님의 답답한 모습과 다를 바 없습니다. 그렇다면 부모님을 비난할 자격도 없습니다.

종교는 강요할 수 있는 문제가 아닙니다. 그것은 각자의 세계관이자 자기 내면의 고유 영역입니다. 부모와 자식 간이라도 상대방에게 강요할 수는 없습니다. 그런 강제성이 더 커지면 종교와 종교의 싸움으로 번져서 피를 부르기도 하지요. 우리나라처럼 다종교 사회에서는 특히 상대방의 종교를 어려서부터 존중하는 아량이 필요합니다. 상대방의 생각을 존중하고 자기와는 전혀 다른 생각까지 사랑하는 것, 그것이 가장 종교적인 태도가 아닐까요? 그런 생각을 모든 종교인이 다 가질 수는 없습니다. 언젠가는 부모님도 그런 넓은 아량을 가질 때가 올 것입니다. 답답하지만 지금은 참는 것도 큰 배움이 될 것입니다.

왜 부모님은
매일 싸울까요?

“ 우리 집은 아파트에 사는데 부모님이 자주 싸우셔서 이웃들이 항의하는 날이 많습니다. 아버지가 폭력을 휘둘러 어머니가 병원에 실려간 적도 있습니다. 그럴 때마다 동생들은 눈물이 나오지 않을 정도로 울거나 목이 쉴 정도로 부모님께 매달리지만 큰딸인 저는 그런 동생을 달래느라고 울지도 못합니다. 세상에서 가장 듣기 싫은 게 부모님의 싸우는 목소리이고, 집안에서 깨진 유리조각을 볼 때마다 진저리가 납니다.

싸우고 난 뒤 부모님은 아무렇지도 않은 듯 공부를 하라며 잔소리를 하고 심부름을 시키기도 하는데 그런 모습을 보면 어이가 없습니다. 늘 부모님의 눈치를 보고, 큰소리가 날 때마다 불안해하는 두 동생을 돌볼 사람은 저밖에 없다는 강박관념이 늘 따라다닙니다. ”

서양에서는 부모가 학대하면 아이들이 신고합니다. 불효자식이라고 비난할 사람이 많겠지만 저는 생각이 다릅니다. 목숨을 위협하는 가정폭력은 사회적으로 처벌해야 합니다.

집안에 유리조각이 깨져 흩어질 정도라면 싸움이 지나치다는 생각이 듭니다. 부모로서 권위를 지키기 위해서는 자녀 앞에서 큰소리로 싸워서는 안 됩니다. 부모도 사람인지라 잠깐 이성을 잃을 수는 있습니다. 하지만 부부싸움의 단계를 넘어 폭력으로까지 비화한다면 어린 자녀가 무조건 당하고 있을 게 아니라 주위 사람이나 공적 제도의 도움을 받는 것이 좋습니다. 가장 좋은 방법은 부모를 설득해서 부부 치료를 받게 하는 것이지만, 가족 간의 갈등으로 병원을 찾겠다고 선뜻 나서는 부모는 거의 없습니다.

자녀가 존경해야 할 대상이 가장 경멸의 대상으로 행동하고 있다면 자녀는 앞으로 세상의 어떤 것도 믿지 못하고 어떤 권위도 존중할 수 없습니다. 생각 같아서는 부모야 싸우든 말든 내 할 일만 하는 것이 상책이겠지만 어린 동생을 보호하려면 부모 일에 무심할 수 없습니다. 부모가 싸우면 자녀도 부모답지 않은 부모에게 반항하기 쉽습니다. '당신네 행동이나 똑바로 하라'는 식이지요. 이렇게 되면 가정은 가정으로서의 기능을 상실하고 각 개인에게 해로운 병균으로 작용합니다.

이런 집안에서 자란 사람은 독립하기 위해 일찍부터 가출하거나 빨리 결혼하려는 경향이 있습니다. 부모에게서 적절한 정서적 지지를 받지 못했기 때문에 식구 아닌 친구, 특히 이성 친구에게 사랑을 갈구합니다. 그러나 조숙한 이성간의 애정은 실패할 확률이 매우 높습니다. 지나치게 상대방을 '이상화Idealize'하기도 하지만 지나치게 충동적으로 상대방을 고르기도 하기 때문입니다.

머리 좋고 생활력 강한 학생은 모든 고민을 잠시 미루고 공부에 매달리거나 열심히 일해서 자립할 수 있는 기반을 마련합니다. 다만 이럴 때는 상처받은 감정을 무조건 억압하고 이성적인 행동만 하려고 하기 때문에 정서적인 균형을 잃는 수가 있습니다.

부모가 심하게 싸우면 자녀는 큰 상처를 받습니다. 모든 성인이 정신적으로 충분히 성숙한 다음에 가정을 이루면 좋겠지만, 실제로 많은 이들이 충동적으로 사랑에 빠지고 결혼하니 문제이지요.

자녀는 자기 부모만 이런 결점이 있다고 생각하지 말고 어른의 세계가 얼마나 모순과 부조리에 가득 차 있는지, 또 얼마나 정신적으로 미성숙한지 미리 알게 된 것이라고 생각하고 마음속의 증오를 떨쳐내기 바랍니다. 상처가 아프면 아플수록 아무는 데 시간은 걸리지만 굳은살이 두꺼울수록 속까지 쉽게 다치지 않는다는 점도 기억하면 좋겠습니다.

나의 꿈과
어머니의 꿈 사이에서

    66 저희 외할아버지는 병원 원장입니다. 어머니는 어렸을 때부터 제게 의사가 되라고 하셨습니다. 의대에 갈 수 있는 성적이긴 한데 저는 어려서부터 병원 냄새가 싫었고 의사들의 지친 모습을 보기 싫었습니다.

저는 컴퓨터 프로그램을 개발하거나 컴퓨터를 연구하는 일을 하고 싶습니다. 어머니는 당연히 제가 의대에 갈 거라고 생각하셨는지, 제 이야기를 듣자마자 화가 나서 컴퓨터를 치워버렸습니다. 그날 저는 처음으로 어머니에게 큰소리로 화를 냈는데 어머니는 울면서 제가 의사가 되는 것이 단 하나의 꿈이라고 말씀하셨습니다.

돈을 잘 벌기 위해서 혹은 남들에게 자랑하기 위해서 의사를 선택하는 것은 어리석은 일이라고 저는 생각합니다. 그러나 어머니를 생각하면 가슴이 답답합니다. 어머니를 위해서 제 꿈을 포기하고 의대에 가야만 하는 것일까요? 어머니를 설득할 수 있는 방법은 없을까요? 99

부모가 생각하는 대로 자식을 조종하거나 만들 수는 없습니다. 자식은 부모가 원하는 대로 만들 수 있는 작품이 아닙니다. 자녀는 부모의 교육방침이나 주변 환경에 영향 받으면서 성장하지만, 다른 한편으로는 주어진 환경을 능동적으로 받아들이고 그것에 반응하는 독립적인 개체입니다.

부모와 자식 간에 갈등이 생기면 자녀만 힘든 것이 아닙니다. 많은 부모가 자녀의 독립을 인정하지 않으려고 합니다. 대부분의 자녀가 장래 문제로 부모님과 마찰을 겪습니다. 공부와 관련된 갈등의 폭발이 흔한 예입니다. 저학년 때는 부모님이 회초리를 들고 큰 소리를 내기만 해도 무조건 복종했지만, 몸집도 커지고 세상에 대해 아는 것도 많아지게 되면서부터는 공부하라는 부모님의 강요가 싫어집니다. 중학교에 진학하면 초등학교 때와는 달리 성적이 확실하게 등수로 매겨집니다. 자녀에게 기대가 컸던 부모는 성적에 실망하고 그 때문에 부모와 자녀 간의 다툼이 잦아집니다. 이때는 자녀도 사춘기의 자아 정체성 찾기가 시작되는 시기라서 부모가 충고만 해도 간섭이 심하다고 반항합니다. 부모는 부모대로 중년에 접어들면서 자신의 인생을 돌아보니 아쉽고 안타까운 점이 많기 때문에 자녀에게 한층 여러 가지를 강요합니다.

집안에 의사나 학자, 법관 등 존경받는 직업을 가진 분들이 있을 경우에는 가업을 잇는다는 의미에서 자녀에게 그 길을 가도록 강권하는 경우가 많습니다. 이때 자녀가 그렇게 하지 않겠다고 하면 부모는 비논리적으로 화를 냅니다. 내가 자부심을 갖고 하는 일을 너는 우습게 보느냐는 식으로 오해합니다. 부모의 '자기애적 자아존중감'에 자녀가 상처를 입힌 것입니다. 무의식적으로 분석해보면 '나는 이만큼 훌륭한 일을 하는 사람인데 내 자식이 어떻게 그 좋은 일을 마다하지? 이것은 틀림없이 나와 내 직업을 하찮게 보는 것이다'라는 생각이 심리에 깔려 있습니다.

부모는 자녀의 개성과 소질을 일찌감치 발견해서 자녀가 하고 싶은 일을 하도록 도와주어야 합니다. 그러나 우리 주위에는 성숙한 부모만 있는 게 아닙니다. 자녀 입장에서는 끝까지 부모를 설득하고 안 되면 일단 학부에 진학한 후에 다시 자기 의사를 표명하거나 부전공으로 다른 공부를 해보는 것도 한 방법입니다.

제 개인적인 이야기를 해볼까요. 저는 물론 스스로 좋아서 의대를 들어왔고 제가 하고 싶은 정신과 의사가 되었지만 어릴 때는 다른 희망을 가진 적이 있습니다. 아주 어려서부터 피아노를 쳤기 때문에 피아니스트가 되고 싶다는 생각도 했고, 책 읽기를 즐겼기 때문에 소설가가 되고 싶다는 꿈도 가진 적이 있습니다. 역사책을 좋아해서 역사학자가 되었으면 좋겠다고 생각한 적도 있습니다. 결국 자격증이 확실하게 나오고 경제적으로도 쉽게 자립할 수 있는 의사가 되었지만 지금도 의사가 아닌 다른 역할에 몰입하고 싶다는 희망을 버리지 못하고 있습니다. 글쓰기도 그래서 그만두지 못합니다. 가끔은 의사로서의 직업에 모든 것을 걸고 매진하는 사람들에 비해 나 자신이 불성실한 것은 아닌지 반성할 때가 있습니다. 정말 내가 하고 싶은 일은 놔두고 쓸데없는 일에 매달려 인생을 낭비하는 건 아닌지 불안할 때도 있어요.

어른도 이렇게 망설이는데 하물며 청소년 시기에는 자신의 미래에 대해 얼마나 많은 계획을 세우겠습니까. 하룻밤에도 몇 가지 미래를 상상할 수 있을 거예요. 부모가 자신의 미래에 대해 이래라저래라 간섭하는 것도 사실은 부모님 스스로 못다 푼 한 때문일 수 있습니다. 자녀에 대한 관심의 한 방법이기도 합니다.

무조건 부모님의 관심을 간섭이나 독재로만 생각할 게 아니라 부모님의 생각에도 일리가 있다고 인정하고 이해해보면 어떨까요? 그러다가 마지막에 결국 자기가 선택할 수 있는 결정적인 시기가 왔을 때 자기가 하고 싶은 대로 밀고 나가는 것입니다.

가장 좋은 방법은 부모님과 서로 얼굴을 맞대고 숙고한 끝에 장래를 결정하는 것입니다. 똑같은 말도 부모와 자식이 서로 자존심 상하지 않게 상대방의 마음을 충분히 이해한 후 하는 것이 서로에게 상처로 남지 않을 것입니다.

규율에 맞춰 사는 게 숨 막힙니다

> 군인인 아버지는 우리가 강하게 자라길 원하셨습니다. 몸이 아프다고 하면 마음을 단단히 먹지 않아서 그런 거라며 호통을 치고, 뭔가를 잃어버리고 돌아온 날에는 정신상태가 해이해졌다며 야단을 치셨습니다. 아버지는 언제나 완벽하고 절도 있는 생활을 강요하기 때문에 아버지 앞에 서면 저는 잘못한 것도 없는데 잘못을 저지른 기분이 듭니다.
>
> 우리 집은 아버지의 발령 때문에 이사를 다닌 적이 많은데 언제부터인가 아버지 혼자 발령지로 가는 것을 모두 바라고 있습니다. 집에 아버지가 없으면 편안하고 안심이 됩니다. 무서운 아버지와 함께 외식을 나가거나 휴가를 가는 것도 싫습니다. 식당에서도 아버지의 목소리가 가장 크고, 휴가지에 가서도 남들에게 큰소리로 호통 치는 모습을 보면 사람들이 우리 가족을 불쌍하게 보는 것 같아 부끄럽고 화가 납니다. 아버지와 편하고 자연스럽게 웃으면서 이야기하는 친구들이 정말 부럽습니다.

정신과에서 환자를 상담해보면 엄한 아버지라는 화상畵像 때문에 많은 사람이 고통 받고 분노하고 있음을 알 수 있습니다. 옛날 양반은 자식에게 매를 댈 때도 감정에 휘둘리지 않고 아무데나 손을 대지 않았다고 합니다. 잘못한 것을 짚어 훈계를 하면서도 자식이 스스로 회초리를 꺾어 종아리 대수를 정하고 맞게 했습니다. 그런데 요즘의 엄한 아버지 중에는 그렇지 못한 사람들이 많습니다. 아버지에게 각목이나 허리띠로 머리와 얼굴, 가슴을 맞아서 응급실로 실려가는 경우도 있고, 고막이 터지거나 머리뼈가 골절되고 뇌출혈로 수술을 받는 경우도 있습니다. 이런 아버지는 자녀의 버릇을 고쳐놓고 집안의 기강을 잡는다고 주장하지만 실제로는 병적으로 자녀를 학대를 하는 것일 뿐입니다.

권위를 앞세워서 집안 분위기를 살벌하게 하는 아버지도 많습니다. 평소에는 관심도 없다가 어쩌다 일찍 집에 들어오는 날이면 갑자기 화를 벌컥 내고 벌을 주려 하기 때문에 자녀로서는 차라리 아버지라는 존재가 없었으면 좋겠다는 생각을 합니다. 이런 아버지 밑에서 성장하는 아이는 대인공포증, 강박신경증, 우울증 등 각종 정신질환에 걸릴 확률도 높습니다.

자녀를 학대하는 아버지는 어린 시절에 자신도 피해자로 자란 경우가 많습니다. 자신이 당한 가정폭력을 자녀에게 그대로 전달하는 것입니다. 자기도 맞고 컸기 때문에 으레 부모는 자식을 기분 내키는 대로 때릴 수 있다고 믿습니다. 감정을 표현하는 방법을 배우지 못했기 때문에 말로 표현해도 되는 부정적 감정을 굳이 폭력을 써 가면서 하는 것이지요.

이럴 때 자녀는 어떤 식으로 해결하면 좋을까요? 아버지를 치료받게 하는 것이 제일 좋지만 병원에 모셔오기가 쉽지 않습니다. 참을 수 있는 한계를 넘어서는 병적인 상태라면 주위에 감추면서 괴로워할 것이 아니라 친척이나 이웃에게 알려 도움을 구해야 합니다. 문제를 덮어두면 나중에 더 큰일이 일어날 수도 있습니다. 최근 몇 년 사이 사회적으로 큰 문제가 되었던 아버지 살해 사건의 내막을 살펴보면 평소에 아버지에게 육체적으로나 정신적으로 심하게 학대를 받은 경우가 대부분입니다. 일이 더 커지기 전에 예방조치를 취하는 편이 좋습니다.

그러나 대부분의 가정에서 아버지의 폭력은 병적인 것이라기보다는 감정을 표현할 줄 모르기 때문에 시작되는 경우가 많습니다. 어려서 폭력을 겪었던 가정환경이나 직업에서 오는 스트레스 때문에 자녀를 가혹한 얼굴로 대하는 아버지가 많은데 이들의 내면을 살펴보면 의외로 매우 외롭고 나약하다는 것을 알 수 있습니다.

아버지가 무섭고 권위만 내세울지라도 그를 피하고 괴물처럼 여길 게 아니라 조금 분위기가 괜찮을 때 다가가서 다정한 목소리로 관심을 보이는 것도 한 방법입니다. 겉으로는 무뚝뚝해 보이지만 그런 아버지도 실제로는 따뜻한 사랑을 마음속에 품고 있을 수 있습니다. 자식이 어른스러운 얼굴로 아버지의 마음을 헤아려준다는 것을 알게 되면, 아버지도 차츰 변하는 경우가 많습니다. 부모건 자식이건 '따뜻한 관심'을 필요로 하는 사람이 많은 세상입니다.

환경이 바뀌면 따라오는 스트레스

★_학년이 바뀌거나 전학 등으로 환경이 바뀌면 사람들은 평소와는 다른 기분을 느낍니다. 바뀐 환경에 적응하지 못하고 불안과 초조감이 몰려와 어쩔 줄 모르게 됩니다. 그러나 어떤 날은 아무렇지도 않게 넘기기도 합니다. 두 체험의 차이는 무엇일까요?

★_위의 질문의 답은 두 가지로 요약할 수 있습니다. 첫 번째는 어떤 일이 닥쳐도 해낼 수 있다는 자신감을 가져야 하고, 두 번째는 자기가 처한 상황에 대한 자세한 정보와 함께 객관적인 파악을 하는 것입니다. 이것이 가능하다면 환경이 바뀐다고 해도 불안하지 않습니다. 자신감을 가지고 씩씩하게 적응했던 과거 자신의 경험에 대해 얘기해봅시다.

★_전학을 하거나 환경이 바뀌면 모든 것이 새롭고 낯섭니다. 낯선 사람을 만나거나 전혀 모르는 상황에 처했을 때 주위 사람에게 스스럼없이 물어보고 어떻게 도움을 청할 수 있을지 생각해봅시다.

★_다른 사람들에게 위와 같이 행동하지 못한다면 그 이유는 무엇인가요. 혹시 다른 사람들이 나를 부정적으로 평가하거나 무시할까봐 두려워하는 것은 아닌지요.

★_부정적인 평가를 받고 마음에 상처를 입은 적이 있나요? 그렇다면 그때의 경험을 객관화시켜 봅시다. 상대방의 이야기 중에 맞는 부분과 틀린 부분은 무엇인가요?

★_지금 똑같은 상황이 다시 일어난다면 그런 부정적인 상황에 어떻게 대처할 것인지 생각해봅시다.

" 친구와 다투었을 때 먼저 사과하고
갈등을 슬기롭게 해결하는 사람이
다른 분야에서도 성공할 수 있습니다.
'자아강도'가 매우 높은 사람이기 때문입니다. **"**

" 친구와 다투었을 때 먼저 사과하고
갈등을 슬기롭게 해결하는 사람이
다른 분야에서도 성공할 수 있습니다.
'자아강도'가 매우 높은 사람이기 때문입니다. **"**

4장

왜 나는 친구가 없을까?

친구가 없으니 어떤 일을 해도 재미가 없어요

66 초등학교 때부터 제게는 친구가 많지 않았습니다. 저는 친구가 많은 아이들이 늘 부러웠습니다. 몇 명 있는 친구도 언젠가는 제 곁을 떠날 것 같아 걱정스럽습니다. 저는 날마다 친구에게 문자를 보내고 선물도 하고 친구의 기분이 어떤지 눈치를 봅니다. 이렇게 노력을 하는데도 친구를 더 사귀지 못하고 있습니다. 쾌활하고 명랑한 친구를 사귀고 싶은데 어떻게 해야 할지 모르겠습니다. 늘 친구 곁을 맴도는 내 모습이 싫습니다. 제게 큰 흠이 있는 것일까요? 친구가 없으니 어떤 일도 재미가 없습니다. 99

대화할 때마다 "내 친구 중 누구는……"
하고 말하는 사람이 있습니다. 굉장한 친구를 만나느라 매우 바쁘
다는 것을 다른 사람에게 과시하는 유형입니다. 이들의 대인관계는
매우 좋은 듯 보입니다. 어떤 성격과도 잘 어울려서 주위에서는 그
를 원만한 사람이라고 말합니다. 다양한 마당발 식의 친구 사귀기
가 나쁜 것은 아닙니다. 정치를 하거나 영업 활동을 하거나 개인 사
업을 꾸려가는 사람이라면 이런 능력은 필요하겠지요.

하지만 다 이렇게 살 필요는 없습니다. 이렇게 살아야 사회성이
잘 발달하고 인간관계를 잘하는 것은 아닙니다.

친구의 숫자가 중요한 것이 아니라 진정한 친구를 사귀는 게 중
요합니다. 진정한 친구는 상대방이 위기에 처했을 때 몸을 던져 친
구를 구하는 사람입니다. 친구의 불행에 진심으로 가슴 아파하고
눈물을 흘리며, 친구가 행복해지면 자기도 행복을 느낄 수 있는
사람입니다. 친구를 잘 사귀려면 오랜 시간, 변함없는 우정을 나눠
야 하는데 소위 친구라고 할 수 있는 지인이 수십 명이 넘으면 깊
이 있는 우정을 나누기 어렵습니다. 시간도 정성도 부족하기 때문
이지요. 많은 친구를 사귀느냐, 아니면 몇 명 안 되는 소수의 친구
와 깊은 우정을 나누느냐는 것은 나의 선택일 뿐입니다.

친구와 무슨 일이든 같이 해야 하는 사람은 심리적으로 매우 미

성숙한 경우가 많습니다. 이런 사람 중에는 '의존성 성격장애Depend ent Personality Disorder'라고 해서 항상 누군가에게 기대지 않으면 혼자서는 어떤 일도 하지 못하는 사람이 많습니다. 우정에 지나치게 집착해서 친구를 '소유'하려는 사람도 있지요. 이것이 일종의 '병적 망상'으로까지 진행되는 경우도 있습니다. 이 때문에 친구와 무슨 일을 같이 해야 하는 사람을 존경의 눈으로 보기보다는 동정의 눈으로 보는 경우가 적지 않습니다.

지금 친구가 없어 고민하는 사람은 그런 나를 연민의 마음으로 볼 것이 아니라 뭐든 독립적으로 해온 자신에게 먼저 자긍심을 가지기 바랍니다. 혼자서도 뭐든 잘해 나갈 수 있어야만 진정한 우정을 쌓을 수 있는 능력도 생깁니다.

우정조차도 수량화數量化해서 친구의 머릿수가 많다는 사실이나, 만나는 횟수로 자신의 사회 능력을 측정하는 것은 미성숙한 태도입니다.

돈으로 우정을 살 수 있을까요?

“ 저는 제가 가지고 싶은 물건을 사기 위해서 용돈을 쓴 적이 별로 없습니다. 제가 갖고 싶은 물건보다는 친한 친구가 갖고 싶어 하는 물건을 사는 쪽이 훨씬 즐겁습니다. 친구가 "저 인형 너무 예쁘지 않니" "무슨 책이 꼭 읽고 싶어" 이런 말을 하면 메모를 해두었다가 용돈을 타면 그것을 친구에게 선물합니다. 그때 친구의 기뻐하는 표정을 보는 게 즐겁습니다. 친구들은 손이 크다고 놀리기도 하고 낭비벽이 심하다고 충고하기도 하지만 저는 무슨 말을 들어도 좋으니 친구에게 좋은 것을 마음껏 사주고 싶어요. 친구의 선물을 사기 위해 집에 거짓말을 한 적도 있고 옳지 못한 돈을 사용한 적도 있습니다. 그러나 늘 선물을 해주다가 안 해주면 친구가 서운해 할까봐 멈출 수가 없습니다. ”

한_쪽에서_주기만_할_때_그_관계는_
건강하게_지속되지_못합니다_

청소년에게는 '우정을 지속하는 것'이 무척 중요합니다. 어른이 실연하거나 어쩔 수 없이 이혼하게 될 때 겪는 아픔을 청소년은 우정이 깨지거나 친구에게 소외당할 때 느낍니다. 기성세대는 교제를 하면서도 내가 손해 볼 거라는 계산이 서면 당장 그 사람과의 관계를 정리하고 좀 더 이익을 볼 수 있는 사람에게 애정을 옮기기도 하지만, 순수한 청소년의 눈으로 봤을 때 이런 어른의 행태는 속물처럼 보입니다.

하지만 좋아하는 친구에게 애정을 표시하는 방법으로 선물을 사주고 그것으로 친구의 환심을 사는 태도는 바람직하지 않습니다. 옳고 그름을 떠나 그런 식의 우정은 오래 지속되지 않습니다.

받는 사람 입장에서는 저 아이는 내게 베푸는 사람이라고 생각해서 점점 더 큰 것을 요구할 수 있고, 또는 무슨 약점이라도 있어서 내게 이런 선물을 하는 게 아닐까 오해할 수도 있습니다. 항상 베푸는 입장에서도 '내가 이렇게까지 하는데 저 아이는 왜 내게 잘해주지 않는가'라고 생각할 수 있습니다. 친구 관계는 서로 평등하고 공정한 관계를 유지해야 불만이 없습니다. 한쪽에서 계속 주기만 할 때 그 관계는 건강하게 지속되지 못합니다.

물질을 중요시하는 사회가 되다 보니 우정이나 사랑의 표현도 정신이 아닌 물건으로 하는 경우가 종종 있습니다. 경조사가 있을 때에도 예전에는 직접 품앗이를 하거나 작은 선물을 주고받았지만 이제는 돈으로 주고받는 것이 일상화되었습니다. 무슨 일이든 돈 봉투가 오가는 것을 볼 때면 마음이 서글퍼집니다. 세상이 이처럼 각박해지고 돈으로 모든 대인관계를 사려고 한다면 우리에게 남는 것은 무엇이 있을까요.

계산적이고 물질적인 어른만 비난할 게 아니라 청소년 사이에 급속하게 퍼지고 있는 물질 만능주의도 각별히 조심해야 합니다. 어린 시절부터 비싼 외식을 하고 값비싼 선물을 주고받고, 아파트 평수, 자동차의 크기로 친구와 친구 가족을 평가해 버릇한다면 나중에 커서도 진정한 인간관계를 유지하기 어렵습니다.

비록 순수한 마음으로 친구에게 선물을 하더라도 그런 버릇이 계속 된다면 좋은 관계도 뒤틀릴 위험이 있습니다. 친구를 소중하게 생각한다면 그 감정이 물질이나 조건, 혹은 상황에 의해 좌지우지 되지 않도록 해야 합니다. 무조건 친구에게 베풀고 싶은 마음을 억제하고, 눈에 보이지 않는 사랑의 선물을 할 수 있도록 노력하길 바랍니다.

동성 친구에게
마음이 끌려요

“고등학교 입학식 날, 그 아이를 처음 만났습니다. 그 아이랑 같은 반이 되어서 기뻤고 무슨 일이 있어도 그 아이와 친해지고 싶었습니다. 그 아이의 첫인상이 단정하고 친절해 보여서 좋았습니다. 그 아이는 예상대로 공부도 잘하고, 놀라울 정도로 영화에 대해서도 많이 알고 팝송이나 클래식에도 능통합니다. 저의 노력으로 그 아이와 가까워지긴 했지만 그 아이에게는 저보다 더 친한 친구가 있어서 속상합니다. 저는 수업시간에도 그 아이만 쳐다봅니다. 모든 것을 그 아이에게 맞추고 싶습니다. 집에서도 온통 그 아이만 생각하다가 문득 '이게 소위 남자가 남자를 사랑하는 감정일까' 걱정하기도 합니다. 가끔 그 아이가 "너도 이 음악 아니?" "이 영화 좋아하니?" 라고 물어오면 여학생 앞에서보다 더 떨립니다. 제 마음을 그 아이가 훤히 들여다보는 것 같아서 부끄럽습니다.”

요즘은 많은 젊은이가 개방적인 태도를 갖고 있어서 동성애에 대해서도 특별한 혐오감을 나타내지 않습니다. 그들의 개인적인 선택을 존중하자는 발언도 나오고 있습니다. 그러나 아직 대부분의 한국인은 동성애에 대해 거부감이 큰 편입니다. 실제로 적지 않은 동성애 관계는 평등한 사랑을 바탕으로 하기보다는 반 강제적으로 시작하는 경우가 많아서 세상 사람의 동성애에 관한 편견 만들기에 일조를 하고 있습니다. 감옥이나 소년원, 군대 등 사람간의 권력 관계가 비정상적으로 얽힐 소지가 많은 집단에서 많이 일어나기 때문입니다. 힘 있는 쪽에서 힘 없는 쪽 남자를 강간, 혹은 윤간하는 사례도 적지 않다고 합니다.

그런데 정신의학적으로 보면 10대의 동성애적 감정은 일시적이며 지극히 정상적입니다. 사람의 사랑에는 발달학적으로 몇 단계가 있는데 아주 어릴 때는 '자기애적 단계'라고 하여 자기 몸을 자기가 사랑하며 탐색합니다. 손톱을 뜯는다든가 손가락을 빠는 것, 머리카락을 비비 꼬며 만지는 것, 또 가끔 자위행위를 하는 것 등은 '자기 색정적 경향Auto-erotic Behavior'이라고 합니다.

이 단계를 지나면 부모에 대한 무조건적인 사랑의 단계가 옵니다. 이른바 '오이디푸스 시기'이지요. 만약 내가 여자라면 아버지를 이성으로 좋아하고, 남자라면 어머니를 좋아하는 것입니다. 이성으로 부모님을 좋아한다고 해서 꼭 성적인 관계를 말하는 것은 아닙니다. 부모를 나의 가장 이상적인 배우자라고 느낀다는 뜻입니다. 이 시기를 지나면 동성애 단계가 옵니다. 청소년 시기에 중성적인 분위기로 다니는 친구나 중성적인 대중문화 스타를 좋아하는 것도 그런 이유에서입니다.

특정한 동성 친구 앞에서 가슴이 두근거리거나 혹은 부끄러운 느낌이 든다 해도 자신을 비정상적인 괴물로 취급하지 마세요. 오히려 그런 감정을 친구나 가족에게 자연스럽게 이야기하길 바랍니다. 그 친구와도 우정을 완전히 끊지 말고 인간적인 만남을 지속해 보세요. 나 자신이 완벽하지 않은 것처럼 내가 좋아하는 상대방도 완벽할 수는 없습니다. 그리고 오랜 시간이 지나면 장점도 단점도 모두 내 친구이기 때문에 받아들일 수 있는 진정한 우정의 상태로 돌아갈 것입니다.

친구에게 먼저
사과하고 싶지만

66 친구와 사소한 일로 싸웠습니다. 처음엔 그저 말다툼이라고 생각했는데 친구가 저를 용서하지 않겠다고 해서, 저도 먼저 사과하지 않겠다고 다짐했습니다. 그러면 친구가 자연스럽게 먼저 사과를 하겠지 생각했습니다. 그렇게 시간이 흘러 이제는 왜 싸웠는지 잊은 채 서로 멀어지고 말았습니다. 오래 전 일을 새삼 들추어 사과하기는 쑥스럽고 자존심이 상하는 것 같아 어떻게 해야 할지 모르겠습니다. 친구는 아무 일 없다는 듯 다른 친구들과 즐겁게 놀지만 혹시 마음 한편으로는 저와 똑같은 생각을 하고 있지 않을까요? 하지만 사과할 시간이 많이 지난 데다가 사과를 하려고 해도 자존심이 몹시 상합니다. 99

일생 동안 사람은 나이에 따라 '정신적인 발달과제Developmental Task'를 수행합니다. 입학이나 취업, 결혼 같은 구체적이고 물질적인 과업이 아니라 순수하게 마음이 할 일입니다. 청소년 시기에는 자기에게 주어진 과제를 성실하게 하는 것 이상으로 친한 친구를 사귀고 우정을 지속하는 것이 중요합니다. 정신의학적 용어로는 '친밀한 관계Intimacy의 유지'라고 합니다. 이때는 부모 형제와 같이 있는 시간보다는 친구들과 같이 있는 편이 즐겁고 친구와 즐겁게 지내면 다른 일이 잘 풀리지 않아도 행복합니다.

그러나 실제로 따뜻한 우정을 기복 없이 잘 유지하는 경우는 흔치 않습니다. '우정'과 '소유'를 혼동해서 다른 친구와 더불어 지내지 못하거나 쓸데없는 자존심으로 좋은 친구를 잃는 경우도 있습니다. 요즘처럼 내신성적을 올리고 입시경쟁으로 바쁜 시기에는 우정은 깨지기 쉬운 유리그릇과 같습니다. 좋아하는 친구에게 실망하고 사람에 대한 믿음을 통째로 잃는 경우, 고립감으로 우울증에 빠지기도 하고 의욕을 상실해 성적도 같이 떨어집니다.

친구와 사소하게 다투었다 해도 그 즉시 잘못했다고 말하면 별일 아니었을 텐데 서로의 자존심 때문에 시기를 놓치는 경우도 많지요. 지금 친구와 서먹해서 속상하고 외로움을 느끼는 이런 마음

상태도 매우 중요하고 가치 있는 경험입니다. 다른 사람과 갈등이 있을 때 먼저 사과하고 갈등을 슬기롭게 해결해 나가는 사람이 궁극적으로는 대인관계뿐 아니라 모든 분야에서 성공할 수 있기 때문입니다. 흔히 우리는 사과를 먼저 하는 사람은 비굴하게 굽히고 들어가는 것이라고 생각합니다. 또 서로간의 입장 차이가 있을 때 양쪽 입장을 절충하여 타협한다면 비겁한 '회색주의자'라고 공격합니다.

그러나 성숙한 사람은 자존심을 잘 유지하고 다른 사람의 평가에 신경 쓰지 않습니다. 먼저 사과를 청한다거나 화해 혹은 타협을 한다고 해서 자신이 하잘것없거나 무력하다고 생각하지 않습니다. '자아강도 Self Strength'가 강하기 때문입니다.

사회가 복잡할수록 사람의 가치관은 다양해집니다. 과거에는 단 하나의 이념을 가지고 모든 사람이 하나의 목표를 향해 사는 것이 어렵지 않았습니다. 서양 중세에는 '그리스도교 정신'이, 동양에서는 '유학의 이념'이 그런 가치를 조장했습니다. 그러나 현대 사회에서는 다양한 가치관을 여러 사람이 어울려 나누고 조화롭게 살아야 합니다. 문화적 다원주의 시대이기 때문입니다.

친구와의 작은 의견 차이, 또 그에 따른 갈등을 슬기롭게 해결해나가는 것은 사소한 일처럼 보이지만, 더 큰 사회에서 나와 다른 사람이 함께 행복하게 살 수 있는 기초를 만드는 일입니다.

단짝친구는 한 명만 있으면 충분해

> 저는 여러 명의 친구보다는 오직 한 명의 친구만 사귀고 싶습니다. 철저하게 친구 역할을 해줄 단 한 명의 친구가 있다면 여러 명의 친구는 필요 없다고 생각합니다. 그런데 저와는 달리, 나만을 생각해주는 친구는 없는 것 같습니다.
>
> 저는 제 친구가 다른 아이와 함께 이야기를 하고 있으면 심한 허탈감에 빠집니다. 누구에게나 줄 수 있는 우정을 내게도 나누어준 것이라고 생각하면 허무해집니다. 저는 친구가 다른 사람과 잘 지내는 것이 싫어요. 저만 바라보았으면 좋겠어요. 그런데 친구는 이런 제 성격이 이상하다고 합니다.

'나와 꼭 맞는 짝은 어디에 있을까' 생각하면서 세상을 돌아다닌, 동그라미가 주인공으로 나오는 동화가 생각나네요. 그 책을 읽다 보면 나와 주파수가 딱 들어맞는 사람은 이 세상에 한 명밖에 없다는 생각이 듭니다. 하지만 우리 인간의 마음이 단순한 동그라미에 지나지 않을까요?

자신을 들여다보세요. 때론 스포츠가 좋을 때가 있고 분위기 있게 음악회에 가고 싶을 때도 있지요. 매우 진보적인 경향이 있는가 하면 아주 보수적인 성향도 갖고 있을 것입니다. '컴퓨터를 다룰 때는 첨단적인 사람이지만, 연애해서 결혼할 때만은 구식으로 하고 싶다' 같은, '자기 내부의 불일치점'이 누구에게나 있습니다. 우리 마음속에는 다양한 면이 공존하고 있습니다. 나도 나 자신을 한 색깔로 통일할 수 없는데 서로 다른 남이 만나면 어떻겠어요. 어떤 사람을 사귀더라도 100퍼센트 딱 맞을 수는 없습니다.

친구와의 관계는 상대방과의 차이점을 발견하고 그 때문에 즐거워하고 흥분하기도 하고 또 실망하는 과정을 겪으면서 깊이 있게 발전하는 것입니다.

한 사람과 배타적이고 단순하게 만나는 것보다는 여러 사람과 다양하게 만나는 것이 친구와의 우정을 더 깊게 할 수 있습니다. 오로지 한 친구와 매일 만나 영화 이야기만 하다가 갑자기 운동을 좋아하는 친구와 어울리면 또 다른 활력이 느껴지지 않던가요.

우리나라에서는 '내 편'과 '네 편'을 쓸데없이 구별하고 그 속에 끼지 못하면 소외감을 느끼는 사람들이 많습니다. '동아리 안 In-group'에 들어가느냐 아니면 '동아리 밖 Out-group'에 속하느냐에 따라 매우 다른 취급을 합니다. 일종의 미성숙한 '집단주의 Collectivism'입니다. 내 편이냐, 그렇지 않느냐를 가리다 보면 사고와 생활은 편협해지고 무서운 결과를 낳습니다.

오로지 단 둘만 친하게 지내는 것은 자기의 생각과 생활의 폭을 좁히는 결과가 됩니다. 다른 친구와의 만남을 피하게 되면 둘만 섬처럼 고립되어 다른 친구들에게 따돌림 당할 수도 있습니다.

내가 아무리 사랑하는 대상이라도 우리는 '나' 아닌 '다른 사람'을 절대로 소유할 수 없습니다. 만약 친구의 마음을 소유하고 좌지우지해 버린다면 그 친구는 자기의 자유로운 생각을 잃은 로봇과 다름없겠지요. 그런 죽은 영혼과 딱딱하게 굳어버린 우정을 나눠봐야 무슨 소용이 있을까요. 진정으로 친구를 좋아한다면 그 친구가 다른 이들과 만나면서 새롭게 에너지를 충전하고 또 자기의 정신세계를 넓혀가는 것을 반가운 마음으로 지켜보아야 하지 않을까요. 그래야만 그 친구도 나의 가치관과 자유를 인정해줄 것입니다.

불량 동아리에서
벗어나려면

> **❝** 학기 초에 짝으로 배정된 친구가 소위 불량 동아리의 멤버였습니다. 그 친구와 친해지자 친구는 제게 자신의 동아리에 들어오라고 권유했습니다. 가끔 그 친구가 그 동아리에 대해 이야기할 때마다 멋있어 보이고 은근히 부럽기도 했던 터라 좋다고 했습니다. 그런데 동아리에 가입한 후부터 제겐 끔찍한 시간이 시작되었습니다. 그곳은 힘없는 친구를 괴롭히고 술, 담배, 본드까지 하는 불량 학생의 모임일 뿐이었습니다. 탈퇴하고 싶어도 아이들이 무서워 그럴 수가 없습니다. 요즘은 꿈에까지 그 친구들이 나타나 저를 괴롭힙니다. **❞**

자녀가 말썽을 피워 학교에 불려가거나 청소년이라도 용서받을 수 없는 죄를 지어 경찰서에 소환될 때면 으레 많은 학부모가 이렇게 말합니다. "우리 아이는 착한데, 나쁜 친구를 사귀어 이렇게 되었습니다. 그 친구만 아니라면 우리 아이가 이렇게 비뚤어져서 곤욕을 치르지 않을 거예요." 내 자식은 항상 예쁘고 남의 자식은 못나 보이는 이기적인 부모의 마음이지요. 아이가 잘못된 것은 남의 탓이지 내가 자녀 교육을 잘못했다는 것을 인정하기 싫은 게 인간적으로 솔직한 것인지도 모르겠습니다.

순진하기 짝이 없는 자녀가 못된 친구의 꾐에 빠져 그릇된 길로 가는 경우는 분명히 있습니다. 학교 가는 길에 나쁜 사람들의 꾐에 빠져 책도 팔고 유랑극단에 팔려가고 무작정 낯선 곳을 헤매는 『피노키오』 이야기를 읽은 적이 있지요? 피노키오가 나무 인형에서 진짜 사람으로 성장하기까지 얼마나 많은 역경을 딛고 얼마나 큰 용기와 사랑이 필요했는지 기억하시지요? 여러분도 어린 시절에는 피노키오와 마찬가지였어요. 바른 사람으로 성장하기까지 우리는 끊임없는 유혹에 빠집니다. 심지어는 어른이 되어서도 술과 도박 등의 유혹을 끊지 못하고 재산을 탕진하는 이들이 있습니다.

청소년 시절에 주위 친구의 유혹에 쉽게 넘어가는 이유가 무엇일까요? 우선 소속감의 문제가 있습니다. 어린아이였을 때 우리는 대부분 누구의 자녀, 어떤 학교의 학생으로 규정됩니다. 그래서 부모님이 이래라 하면 이러고, 선생님이 저래라 하면 저러는 생활을 반복했습니다. 그런데 중학교에 들어가고 고등학교에 진학하면서 그런 내가 바보처럼 느껴지기 시작합니다. 나는 어디까지나 '나'인데 왜 내가 부모님이나 선생님이 하라는 대로 해야 하는지 이해할 수 없습니다. 수염도 나고 목소리도 변하고 몸집도 부모님보다 크고 힘이 세졌는데 부모님 뜻대로만 움직이는 것이 자존심 상합니다. 어른들 요구대로 살지 않겠다고 공표해도 어떤 식으로 살아야 할지 실은 매우 막막합니다. 이른바 독립선언을 하고 나면 부모라는 든든한 언덕이 없으니 허전하고 두렵습니다.

이때 부모 대신 기댈 대상으로 삼는 게 또래 집단입니다. 같이 어울려 다니는 친구와 나쁜 짓도 해보고 특별히 반항하고 싶은 생각이 없는데도 떼로 몰려다니면서 짐짓 불량 소년인 척해 보는 것도 이런 이유에서입니다. 어른에게서 독립은 하고 싶은데 혼자 있자니 불안해서 동료 집단에라도 속해야만 안정이 되는 것입니다. 어떤 집단에 속해서 자신의 정체성을 찾아나가는 것은 성장 과정의 한 단계이므로 사실은 지극히 정상적인 일입니다.

동료끼리 모여 별다른 죄의식이나 나쁜 의도 없이 서로 무언가 강요하는 것을 '동료끼리의 압박'이라고 합니다. 압박을 이기고 자신이 원하는 대로 살기 위해서는 무엇보다 자신감을 잃지 않고 자기가 원하는 바를 주체적으로 관철하는 힘이 필요합니다.

그러나 청소년들 중에 이런 주체의식을 갖고 있는 성숙하고 현

명한 이가 몇 명이나 될까요? 그러다 보니 불량한 또래 집단에 가
입하는 아이가 생기는 거지요.

이런 또래 집단 중에는 나쁜 짓을 밥 먹듯이 하는 깡패 집단이
있습니다. 청소년이 불량한 짓을 하면 얼마나 하겠느냐고 말할 수
도 있지만 실제로는 어른 뺨치게 비뚤어진 행동을 하는 아이도 많
습니다. 어울려 다니면서 집단적으로 강도와 강간을 한다든가 본
드나 대마초 등 약물중독에 빠지는 경우도 있습니다. 가출하여 어
울려 다니면서 혼숙을 하는 여자아이에게는 낙태라는 위험이 도
사리고 있지요.

불량 동아리에 몸담게 되면 또래 집단의 압력이 무서워서 그 집
단에서 쉽게 탈퇴하지 못합니다. 불량 동아리도 하나의 권력조직
이기 때문에 집단의 우두머리는 조직원을 어떤 식으로든 관리하
여 그 조직의 힘을 키우려고 합니다. 조직에서 벗어나려고 한다면
배신자 취급하고 신체적인 위해를 가하기도 하고 협박도 불사하지
요. 같이 어울려 큰 죄를 지었다면 그 죄를 숨기기 위해서라도 구
성원이 조직을 떠나지 못하게 합니다.

어떤 동아리에 들어가기 전에는 신중하게 탐색하여 그 집단이
나와 잘 어울리는지, 내 생활에 방해가 되는지 아닌지 신중하게
판단해야 합니다. 만약 누군가 공갈 반 협박 반으로 그 모임에 들
어오라고 강요한다면 힘있는 어른의 도움을 받아서라도 거절해야
합니다.

미처 파악하지 못하고 들어갔을 때, 뒤늦게 그 집단이 불량 동

아리라는 걸 알게 되면 절대로 혼자 끙끙 앓고 있어서는 안 됩니다. 불량 학생은 자신의 힘과 위세를 과시하는 경향이 있어서 약한 아이에게는 갖은 협박을 하지만 막상 더 크고 강력한 힘 앞에서는 꼼짝 못하는 경향이 있습니다. 교활한 자는 현명한 방법으로 대하는 것이 좋습니다. 여러분의 순수한 머리로 그들을 이길 수 있는 방법을 찾기는 쉬운 일이 아니니 꼭 어른의 도움을 받기 바랍니다.

너보다 멋진 친구를
사귈 수 있을 거야

> 집에 놀러온 친구가 제 게임기를 굉장히 부러워하면서 제게 그것을 다룰 줄 아느냐고 물었습니다. 저는 그 친구에게 몇 가지를 보여주면서 "넌 바보냐? 이것도 몰라? 요즘 이 정도는 기본이야"라고 말했습니다. 그러자 그 친구는 "나는 기본이 안 돼 있어서 미안해" 하더니 화를 내고 나갔습니다. 저는 그 친구를 붙잡을까 하다가 그냥 놔두었습니다. 제 말이 지나쳤을 수는 있습니다. 그러나 그 친구의 태도 역시 이해할 수 없습니다. 차라리 잘 되었는지도 모릅니다. 제 외모, 성적, 성격이라면 그 친구보다 몇 배 괜찮은 친구를 얼마든지 사귈 수 있으니까요. 이 정도의 친구라면 제겐 필요 없습니다.

매사에 자신만만하고 스스로를 우수하다고 생각하는 친구 중에는 가끔 자신도 모르게 남에게 상처 주는 말을 하는 사람이 있습니다. 자신은 아무렇지도 않게 뱉은 말이 다른 사람에게는 큰 아픔이 됩니다. 지금도 우리 주위에는 자기 집이 잘산다고, 자신의 가족이나 친척이 훌륭하다고, 자기가 아는 것이 남보다 많다고 자랑하면서 다른 사람의 열등감을 자극하는 사람이 많습니다. 처음부터 나쁜 의도로 남을 불쾌하게 하려고 작정하지는 않았겠지요. 그런 얘기를 듣고 예민하게 반응하는 사람에게도 문제가 없다고는 할 수 없을 거예요. 어느 쪽이든 간에 매사를 남과 비교하고 내가 남보다 잘나야 만족한다면 정신적으로 미성숙한 사람입니다.

내가 남보다 잘났다고 생각하고 스스로에게 도취하는 사람을 일컬어 정신의학에서는 '자기애적 성격장애 Narcissitic Personality Disorder'가 있다고 합니다. 그리스 신화에 나오는 나르시스가 자기 모습에 반해 꽃이 된 이야기에서 나온 말입니다. 이런 성격장애를 가진 사람은 자신의 재능이나 외모를 굉장히 뛰어난 것으로 믿고 자랑합니다. 주위에서 자기를 인정하지 않으면 화를 내며 그 사람과의 관계를 과격하게 끊어버립니다. 이런 사람은 대체로 지적으로는 우수하지만 정서적으로는 미성숙한 사람이 많습니다. 남들이 항상 우러러 보아야 만족할 수 있다면 진정한 의미에서 자기에게 만족한 것은 아니기 때문입니다. 내가 나 자신을 사랑하고 혼자만으로도 행복하다면 굳이 남에게 인정받으려고 억지 노력을 할 필요가 없습니다.

무엇이든 다른 사람보다 잘하고 경쟁에서 이기는 것만을 무조건적인 가치로 여기는 우리나라 교육 풍토에도 원인이 있습니다. 서로를 아껴주고 이끌어주는 동료라고 생각하고 돕기보다는 상대방을 밟고 일어서야 할 경쟁상대로 생각하기 때문입니다. 그러니 남을 무시하고 모욕하고 자기만 잘난 것처럼 착각하며 그것에 아무런 죄의식을 느끼지 못하는 것입니다.

사람의 능력이나 행복을 누릴 수 있는 질량은 빈부귀천의 차이가 없습니다. 정신병원에 입원한 정신박약자 중에도 낙천적이고 밝은 사람들이 많습니다. 반대로 모든 것을 갖춘 부자와 미인, 재능 있는 사람 중에도 불행하고 불만 가득한 사람이 많습니다. 머리가 지나치게 똑똑한 사람이 정서적으로 미성숙하다는 것도 자연의 섭리가 아닐까요. 그림을 잘 그리는 대신 체육에는 소질이 없고, 음악에 특별한 조예가 있는데 정치, 경제는 모르는 사람이 많은 것과 같은 이치겠지요. 그러고 보면 누구보다 누가 잘났고 못났고 하는 것은 아무런 의미가 없습니다.

모든 것을 점수로 환산하고, 모든 과목을 잘해야 인정받고 사랑받을 수 있다는 환상을 학교와 사회가 심어주고 있습니다. 이 사람에게는 이런 장점이 있고 저 사람에게는 저런 개성이 있다는 것을 발견해서 키워주기보다는 이것저것 다 잘하는 사람을 만들고 있지요. 이렇게 되면 '1등'을 흉내 내는 '2등'을 만들 수는 있을지 몰라도 창조적인 추진력을 가진 진정한 1등은 만들 수 없습니다. 또 1등이건 2등이건 무엇이 중요할까요. 우리가 평화롭게 남들과 더불어 진심으로 행복하게 살면 그만 아닌가요.

남을 만나면 항상 무엇을 상대방에게 배울 수 있을지 생각해보세요. 친구를 만나 떠벌이고 잘난 체하기보다는 주의 깊게 상대방 얘기를 듣고 그 친구에게 무슨 정보라도 얻을 수 있을지 살펴보세요. '세상사람 모두가 내 선생님'이란 생각을 하면 어느 누구를 만나도 즐겁고 보람이 있을 거예요.

이 세상에 태어난 즐거움 중 배우는 즐거움이 가장 크다는 말도 있습니다. 선생님이나 부모님만 스승이 아닙니다. 주위의 친구 모두가 스승이고 만나는 사람 모두가 내게 배움을 줄 수 있다는 것을 잊지 마세요.

환경이 바뀌면
우정의 모습도 달라질까요?

같은 동네에서 자란 저와 제 친구는 서로 모르는 것이 없을 정도로 단짝친구입니다. 어머니도 오랜 친구만큼 값진 것은 없다며 저희 둘의 우정을 보기 좋아하셨는데 고등학교에 올라오면서 문제가 생겼습니다. 제 친구는 특목고에 진학했지만, 저는 성적이 떨어져서 실업계 고등학교에 진학한 것입니다. 그런데 그 뒤부터 우리 둘의 대화가 예전과는 달리 겉돌고 있음을 느낍니다. 함께 다니는 친구들의 분위기도 어딘지 다릅니다. 그리고 며칠 전 고등학교에 올라가서 처음 맞는 그 친구의 생일에 저는 초대받지 못했습니다. 그 친구와 함께 자라면서 편하고 즐거웠던 날들을 생각하면 이렇게 멀어지는 것이 안타깝습니다. 언젠가 그 친구가 "너는 회사에 가고 나는 대학에 가면 우리는 어차피 멀어질 거야"라고 한 말을 잊을 수가 없습니다.

어떤 사람을 좋아하게 되면 그 애정이 죽을 때까지 변하지 않기를 바랍니다. 상대방이 친구건 애인이건 자녀건 간에 서로 깊은 사랑의 감정을 나누게 되면 그 감정이 너무 소중해서 사라지지 않기를 바랍니다.

결혼식장에서 주례는 신랑신부에게 "기쁠 때나 슬플 때나 서로를 사랑하고 아껴주겠느냐"고 묻습니다. 그러면 신랑신부는 얼굴에 미소를 띠고 "예" 하고 대답합니다. 실제로는 어떤가요. 어른이 되어서도 가장 많이 싸우는 상대가 부부입니다. 엄중한 서약을 하고 부부가 된 어른도 그런데 아무런 언약도 없는 친구 관계는 변하기가 더 쉬울지도 모릅니다. 특히 진학이나 취업을 앞두고 물리적인 거리가 멀어지면 정신적인 사이도 어긋나게 되지요. 한 친구는 소위 좋은 대학에 들어가고 다른 쪽에서는 돈 때문에 다니기 싫은 직장생활을 한다면, 괜한 열등감을 느껴 그 친구를 멀리할 수도 있습니다. 사람은 나보다 잘난 사람 앞에서는 기분이 나빠지고 가까운 이가 나보다 잘 되면 배가 아픈 게 정상인지도 모릅니다. 자신의 처지가 여러 가지 면에서 만족스럽지 않을 경우에는 겉으로는 행복해 보이려고 노력하지만, 자기에 비해 성공한 친구와 같이 있으면 스스로 초라해지고 화가 납니다.

이럴 때는 심리적으로 대응하는 방법이 있습니다. 남들이 뭐라고 해도 내 선택이 옳다고 다짐하면서 그 친구가 누릴 수 없는 나만의 즐거움을 찾는 것입니다. 나는 취업전선에 나섰고 그 친구는 대학에 들어갔다고 합시다. 남들이 다 가는 대학을 못 갔다고 열등감을 느끼지 말고 내가 직접 벌어 스스로를 책임지는 자립생활을 일찍 시작한 것에 대해 자긍심을 느껴보세요. 내가 벌어서 돈을 쓰는 것이니 돈을 쓸 때도 훨씬 떳떳하고 즐거울 거예요.

지금은 비록 친구에 비해 내세울 게 없지만 남보다 몇 배 노력하면 전화위복의 기회를 만들 수 있습니다. '눈물 젖은 빵을 먹어보지 않은 사람은 인생을 말할 가치가 없다'는 말이 있습니다. 실패를 해본 사람만이 성공의 기쁨을 알고 불행을 겪어본 사람만이 행복이 무엇인지 알 수 있다는 이야기입니다. 지금은 좌절하고 낙심하여 다른 친구보다 못하다는 열등감에 빠질 수도 있지만 열심히 노력한다면 결과가 어쨌든 충분히 가치 있고 보람을 느낄 수 있을 것입니다.

간혹 소중한 우정을 곱게 지속시켜 나가다가 서로 다른 인생길을 걷는 바람에 사이가 틀어지고 영원히 이별을 고하는 안타까운 일이 있습니다. 그러나 한쪽이 성공하고 한쪽이 실패했다고 해서 어긋나는 그런 우정은 진짜 우정이 아니겠지요. 누군가 좌절하면 그렇지 않은 쪽이 격려하고, 상대방이 빛나는 성공에 도달하면 진심으로 축하하며 거기에 자극받아 자신을 정비하고 몇 배의 노력을 하는 관계가 성숙한 것이 아닐까요.

그리고 이제는 대학도 사회인에게 개방되어 일단 직장을 얻어 일하다가도 얼마든지 다시 공부할 수 있는 시대가 되었습니다. 혹시 지금 대학을 가지 못했다 하더라도 몇 년 후 열심히 하면 다시 전문적인 지식을 습득할 수 있는 기회가 얼마든지 있으니 포기하지 않았으면 좋겠습니다.

젊어서 친구보다 조금 앞서고 뒤처질 수도 있지만 길고 긴 인생에서 보면 별 차이가 없습니다. 항상 더 '길게' 보고 '먼' 미래를 꿈꾸는 연습을 해보세요. 정말 좋은 친구는 경쟁의 대상이 아니라 긴 인생길의 동무입니다.

친구에게 일부러
싸움을 걸어요

66 '비 온 뒤에 땅이 굳는다'는 말도 있듯이 사람과 사람 관계에는 대립과 갈등이 있어야 한다고 생각합니다. 아무리 친한 사이여도 상대방에게 무조건 맞추기만 해서는 안 되고 정확하게 자신의 입장을 설명하고 그것 때문에 다투기도 해야 우정이 굳건해진다고 믿습니다. 저는 의식적으로 친구의 말에 반대 의견을 내놓을 때가 많습니다. 친구가 응원하는 농구팀이 싫다고 말해서 다투기도 하고 친구가 좋아하는 선생님을 욕해서 싸울 때도 있습니다. 싸우지 않고 다투지 않는 관계는 금세 지루해진다고 생각하기 때문에 일부러 싸움을 거는 것입니다. 그런데 저와는 달리 친구들은 서로 의견이 다르거나 싸울 수 있다는 걸 받아들이지 못합니다. 대립이 없는 관계는 오래 가지 않는다는 제 생각이 틀린 것일까요? 감정 대립을 극복하면서 가까워지는 것이 진정한 관계가 아닐까요? **99**

인간관계에서 갈등과 대립은 나쁘거나 피해야 할 일은 아닙니다. 친구 사이는 의견 차이가 있으면 이를 조정하고 의견 교환도 해봐야 시야가 넓어집니다. 문제는 어떤 식으로 그 갈등을 다스리는가입니다. 자기와 생각이 다른 것을 받아들이지 못하고 내 주장만 한다든가, 단순히 갈등을 위한 갈등을 의도적으로 유발하는 것은 바람직하지 않습니다.

청소년은 어른과 말이 통하지 않아서 답답하다고 하지만, 실제로는 자기 또래와 대화를 할 수 없어서 힘들어 하는 경우가 더 많습니다. 유쾌하게 의견을 교환하고 나는 해보지 못한 경험도 나누며 서로 도와주면 좋을 텐데, 입장이 다르면 헤어지자, 관두자는 말이 먼저 나오지요.

우리는 불행하게도 토론 문화가 발달하지 않았습니다. 언젠가 어떤 학생이 정치인이 싸우는 것을 보면 유치하고 혐오스럽다고 말한 적이 있습니다. 여러분도 이런 유치한 어른을 닮고 싶지는 않을 것입니다. 사람은 누구나 다른 생각을 갖고 있기 마련인데 토론으로 이를 조율하지는 못하고 각자의 욕심에 따라 그저 말싸움에 지나지 않는 다툼만 하니 한심하기 짝이 없지요.

서양의 의회민주주의 전통이 우리에게 결여되어서 이런 일이 벌어지고 있다고 일부에서는 말하지만, 이론적인 논쟁이 더 발달한

쪽은 원래 동양입니다. 예전에는 학문을 제대로 하는 학자라면 자기와 다른 입장을 가진 이의 생각을 조용히 경청한 후 그에 반박하는 말을 하면서도 이성을 잃고 인신공격으로까지 비화하는 법이 거의 없었습니다.

간혹 머리 좋고 재능 많은 사람 중에 겸손한 마음이 부족하여 거만한 것을 똑똑한 것과 착각하고 감정에 치우쳐 따지거나 상대방을 비방하는 경우도 있습니다만, 이는 미성숙한 행동이며 누가 그렇게 행동하면 주변에서도 금세 알아챕니다.

칼 구스타프 융도 사람의 마음속에는 '미숙한 여성성 Anima'이 있어서 경솔하고 천박하게 따지는 것을 좋아한다고 말한 적이 있습니다. 대립과 갈등, 그 자체를 피하는 것이 때로는 비겁하게 보일 수도 있지만 싸움을 위한 싸움은 자신의 성숙하지 못한 정신세계를 '날 것' 그대로 보이는 것과 다름없습니다. 율곡 이이도 '배움에 열심이되 용감하지 못하다면 이는 쓸데없는 것'이라고 하였습니다.

친구와의 작은 말다툼에 정신적인 에너지를 몽땅 써버린다면 진짜 중요한 일에는 집중할 수 없습니다. 감정 대립을 피할 필요는 없지만 일부러 그것을 추구한다면 이 역시 대립과 싸움에 대한 강박관념에서 헤어나지 못하는 것입니다.

잘사는 아이와는 친구하기 싫어요

66 저희 부모님은 무척 성실한 분이지만 두 분이 아무리 노력을 해도 우리 집 형편은 나아지지 않습니다. 우리 집은 대체로 화목한 편이지만 어려운 살림 때문에 부모님이 심하게 다툴 때가 가끔 있습니다. 저는 부모님을 위해서라도 빨리 자립하고 싶습니다.

집안 환경 때문인지 학교에서 사귄 친구가 마음에 들어도 그 친구의 집이 잘산다고 하면 갑자기 싫은 마음이 듭니다. 집이 잘살면 인생에 아무런 고민도 없을 것 같고, 어려운 이웃을 이해하지 못할 것 같습니다. 친구들은 제가 재미있고 공부도 잘하기 때문에 저와 친하게 지내려고 하지만, 잘사는 친구와는 가깝게 지내고 싶지 않습니다. 99

우리 사회에는 열심히 일해서 차근차근 단계를 밟아서 부자가 된 사람보다는 부모님의 유산을 받거나 부동산 투기, 부패한 권력을 이용해서 재산을 불법 축적한 사람이 더 많아서인지 부자를 보는 일반인의 눈이 그리 곱지 않습니다. 부자가 자신의 노력과 재능으로 돈을 벌었다 해도 그만한 재산을 축적하기까지는 음으로 양으로 도와준 사람이 많습니다. 서양에서는 그만한 재력을 모으는 것은 사회의 뒷받침 없이는 불가능하기 때문에 어느 정도 먹고 살게 되면 재산을 사회에 환원하는 사람이 많은데 우리나라 졸부들은 그 반대입니다.

"내 돈 내가 쓰는 데 무슨 상관이냐"며 사치품을 사고 집을 호화롭게 치장하면서, 검소하고 성실하게 사는 사람을 무시하기도 합니다. 여러 명의 부인을 두고 그 자식과 식솔에게까지 한정 없이 돈을 퍼붓는 삼류 드라마 같은 일이 주위에서 가끔 일어납니다. 그러니 정당하게 노력해서 자수성가한 입지전적인 부자마저도 제대로 인정받지 못하는 거지요. 사회가 이렇다 보니 어린 학생의 눈에도 부자가 존경스럽기보다는 도둑처럼 보일 것입니다. 당연히 그런 부모 밑에서 자란 자녀도 고운 눈으로 볼 수는 없을 것입니다. 부자라고 괜히 으스대고 거만한 것 같으니까요.

그러나 모두 그런 악당과 도둑만 있는 것은 아닙니다. 어려운 상황에서 열심히 돈을 번 훌륭한 사람도 많고 그런 집안의 자녀 중에는 근검절약하는 성실한 학생도 적지 않습니다. 그런데도 상대방이 부자라고 해서 무조건 그들을 죄인시하는 것은, 상대방이 가난하다고 해서 무조건 멸시하는 것과 똑같이 편견에 사로잡힌 행동입니다.

이 세상은 '부자와 가난한 사람'으로만 나뉘는 것이 아닙니다. 강자였던 사람이 약자가 되기도 하고, 부자였던 사람이 가난한 사람이 되기도 합니다.

부자가 삼대 가기 힘들다는 말이 있습니다. 현명한 친구들은 이 말의 뜻을 금세 짐작할 수 있을 것입니다. 아버지가 부자라서 부족한 것 없이 자란 자식은 열심히 노력하지 않고 물려받은 재산을 까먹고, 그 다음 대에 가서는 그 유산의 흔적조차 사라진다는 이야기입니다. 재벌이 세습하는 것도 모르느냐고 반문할 사람도 있을 거예요. 물론 우리나라 재벌은 기업 경영을 전문화하지 않은 채 지금까지 전근대적인 방식으로 가족 경영을 일삼는 경우가 많았지요. 금융실명제 이전에는 재산이 겉으로 드러나지 않아서 몰래 빼돌리는 것도 가능했습니다. 상속세도 이리저리 피한 사람이 많습니다. 하지만 그런 편리한 여건 속에서도 해방 이후 지금까지 삼대를 이어가며 살아남은 재벌은 많지 않습니다. 중소기업은 더 말할 나위가 없습니다.

부모가 부자라고 해도 그 자식이 성장해서까지 부자로 남으라는 법은 없습니다. 부자와 가난한 자라는 쓸데없는 이분법으로 좋은 친구를 놓치는 것은 어리석은 일입니다.

부모님이 그동안 성실하게 살았지만 인정받지 못하고 고생만 하신 게 안타까울 거예요. 그러나 세상이 많이 바뀌고 있기 때문에 성실하게 노력한 사람이 인정받는 날이 올 겁니다. 무조건 사회의 불평등을 탓하고 남을 미워하지 말고 그 시간에 실력을 키우고 열심히 노력한다면 그동안 고생한 부모님을 편안하게 모실 수 있을 것입니다. 부자에 대한 선입견이나 환상을 버리고, 그들에게 어떤 점을 배울 수 있을지 관찰해보는 건 어떨까요.

나는 나, 내 이름을 불러주세요

>**❝** 저랑 친한 친구는 학교에서 아주 유명합니다. 전교 1~2등을 다투는 데다 집도 부자고 글짓기도 잘합니다. 얼굴도 예쁘게 생겨서 일부러 다른 학교에서 그 아이를 보러 오기도 합니다.

그런데 그 아이와 함께 있으면 제가 한없이 초라하게 느껴집니다. 그 아이 때문에 제 이름은 사라지고 그 아이의 친구로 알려지는 게 싫습니다. "너는 좋겠다, 친구가 빵빵해서" 이런 말을 서슴지 않고 하는 아이도 있습니다. 그렇다고 갑자기 그 아이와 절교할 수도 없습니다. 제 마음속에서도 그 아이의 친구라는 걸 자랑스럽게 생각하는 건 아닌지 의문이 들 때가 있습니다.

저는 저 자신으로 인정받고 싶지 누구의 친구로 알려지는 것은 싫습니다. 진정한 저를 찾기 위해서는 그 아이와 헤어져야만 할까요? 그 아이는 제게 잘난 척하거나 거만하게 굴지 않습니다. 그런데도 그 아이의 사소한 행동에 온 신경을 곤두세우는 제가 참으로 한심합니다. 나는 나, 누구의 친구로 살기는 싫습니다. **❞**

친한 친구가 우수하고 모든 면에서 뛰어날 때 느끼는 심정은 참으로 복잡합니다. 그 친구 앞에 서면 내가 초라해보이고 기분이 언짢습니다. "너, 누구의 친구니?" 하는 소리도 한두 번 듣는 것이지, 자꾸 같은 소리를 듣다 보면 짜증나고 속상합니다. 때로는 크고 작은 상처를 받을 때도 있습니다. 생각 같아서는 그 친구와 헤어지고 싶지만 그렇게 되면 질투심 때문에 소중한 우정을 깨뜨리는 옹졸한 사람이 되는 것 같아서 싫습니다. 똑똑하고 잘나기는 했지만 자기 외에는 별로 친구도 없는 그 아이와 헤어지자니 미안한 마음도 들고요.

공부 잘하는 친구들의 남모르는 비밀에 대해 알려드릴까요? 소위 '재능 있는 아이들Talented Child or Gifted Child'의 비극을 여러분은 잘 모르실 거예요. '영재의 정신건강'을 주제로 한 논문에 의하면, 지능지수가 높고 지식수준이 높은 아이의 정신 건강이 생각보다 좋지 않다고 합니다.

남들보다 명석한 아이는 우선 외롭습니다. 공부 잘하고 남에게 인정받으니 다른 사람이 무시하지는 않지만, 마음을 열고 진정한 우정을 나누려는 사람이 많지 않기 때문입니다. 자기보다 잘난 이와 가깝게 지내면 상처받기 쉽기 때문에 사람들은 본능적으로 재능 있는 사람과 깊이 있는 관계를 지속하려고 하지 않습니다.

그리고 재능 있는 아이의 자존감은 예상보다 매우 낮습니다. 나 자체로 남에게 사랑받는 것이 아니라 나의 재능 때문에 부모나 주위 사람에게 간신히 인정받고 있다고 생각합니다. 내가 공부 잘하고 열심히 노력하고 있으니 이나마 사는 것이지, 만약 아무것도 하지 못하는 바보라면 아무도 나를 좋아하지 않을 것이라고 착각하는 사람도 많습니다.

또 주위의 기대와 나 자신의 높은 성취욕 때문에 쉽게 우울증에 걸리기도 합니다. 조금 실수하거나 대수롭지 않은 잘못을 저질러도 다른 사람이 크게 실망한다고 생각하기 때문에 행동하는 것이 자연스럽지 않습니다. 게다가 '잘난 척한다, 거만하다'라는 쓸데없는 오해도 받습니다. 그저 알고 있는 사실을 얘기했는데 다른 친구들이 '재수 없다, 밥맛이다'라고 말하는 겁니다. 그럴 때면 아무렇지 않은 척 시치미를 떼지만 실제로는 남몰래 속앓이를 합니다.

그러니 외로운 자신과 가깝게 지내주는 친구가 얼마나 고마울까요. 이런 아이는 의외로 자신의 사랑이나 고마움을 쉽게 표현하지 못합니다. 나눔과 베풂의 훈련을 받지 못했기 때문입니다. 주위에 그런 친구가 있다면 그 사람의 우수한 성적이나 박학한 지식만을 볼 것이 아니라 미성숙하고 다치기 쉬운 마음을 들여다보세요. 여러분의 사회 지능지수가 100점이라면 영재아의 사회성 지수는 80~90점쯤 됩니다.

그러니 지금 친구가 공부를 잘한다고 그 친구 앞에서 열등감에 빠지거나 자존심 상할 이유가 없습니다. 공부에는 별 소질 없는 보통사람이 사회에 나가면 오히려 더 능력을 인정받는 경우가 있습니다. 공부 말고 다른 재주가 없는 공부벌레는 열심히 공부만 해서 그것으로 성공하는 것이고, 공부 이외에도 할 게 많은 사람은 굳이 그 따분한 공부를 하면서 일생을 낭비할 필요가 없습니다.

친구에게 자주
싫증이 나요

> 저는 학교에서 동아리에 가입하거나 친구들과 스터디 그룹을 조직해 서로 과목을 정해놓고 공부하는 모임을 오래 견디지 못합니다. 모임을 시작하고 몇 번 지나면 상대방의 단점이나 싫은 점이 눈에 들어오고 그런 게 쌓이다 보면 모임에 나가기 싫습니다. 친구들은 제가 싫증을 잘 낸다고 하는데 이게 싫증인지 정확히 모르겠어요. 처음에 사람을 만나면 성격도 재미있고 마음도 넓은 것 같고 인상도 좋다고 느끼지만 한두 번 만나면 그런 부분보다 이기심 같은 걸 발견하는 경우가 더 많아요. 친구를 만나는 일뿐 아니라 다른 일에서도 비슷합니다. 처음엔 호기심이 생기는 데 조금 지나면 의미를 찾을 수 없고 재미가 없어 금세 흥미를 잃습니다. 싫증을 내는 것과 모든 일에 의욕이 없는 것이 비슷한 현상일까요?

단짝친구 하나만을 정해놓고 꾸준히 사귀는 사람이 있는가 하면 채 한 달도 되지 않았는데 절교를 하고 새친구를 사귀는 사람이 있습니다. 친구 한 명을 오래 사귀는 아이는 대개 내성적이고 수줍은 편입니다. 사람을 새로 사귀는 것을 매우 어려워하지만 친구 관계가 변함없고 꾸준합니다. 그런 아이는 어쩌다 단짝친구와 관계가 틀어지면 큰 상처를 받습니다.

반대로 친구를 자주 바꾸는 사람은 겉으로는 명랑하고 활발하며 붙임성도 좋아 보입니다. 말하는 것도 재미있고 사물에 대한 묘사도 뛰어나서 아이들 사이에 인기가 높습니다. 새학기가 시작되면 많은 아이들이 이 친구 곁으로 모입니다. 그런데 시간이 지나면, 이 아이가 먼저 친구에게 싫증을 내고 친구를 바꿉니다. 이렇게 되면 처음에는 인기가 좋았던 아이의 평판도 나빠집니다.

대인관계가 꾸준하지 못한 사람은 굴곡이 심한 인생을 사는 경우가 많습니다. 성격이 충동적이기 때문에 이걸 했다 저걸 했다 변덕을 부리다 보면 눈에 보이는 좋은 결과를 얻지 못합니다.

극단적으로 정신 상태가 좋지 않은 경우에는 친구와 헤어진다든가 혹은 어떤 집단에서 탈퇴하면서 정체성의 혼란을 느끼고 소속감이 없는 데서 오는 불안감 때문에 자살 기도를 한다든지 약물 남용에 빠지는 경우도 있습니다. 정신의학에서는 이런 사람을 '경계형 인격장애'라고 부릅니다.

청소년 시기에는 '나는 누구인가' 혹은 '내가 추구하는 가치는 무엇인가'라며 '자기 정체성 Identity'에 대해 심각하게 고민합니다. 청소년기의 자아 확립의 한 단계로서 이런저런 자기실험과 시행착오를 거치는 것입니다. 충동적으로 변덕을 부리면서 대인관계에서도 좌충우돌하는 것과는 근본적으로 다릅니다. 이처럼 청소년 시기는 자기의 기호, 취향, 가치관 등이 완전하게 자리 잡기 위한 준비 시기라서 정상의 청소년이라도 스스로가 매우 변덕스럽고 종잡을 수 없다는 느낌을 받습니다. 그러나 이런 정도가 지나쳐 주위 사람들까지도 정신을 못 차리게 할 정도라면 문제가 있습니다.

이런 아이의 부모님 또한 변덕스럽거나 우울증 등이 있는 경우가 많아서 자녀에게 지속적인 관심과 애정을 주지 못하는 경우가 대부분입니다. 일관된 부모님의 사랑을 받지 못하는 경우에는 대인관계에 있어서 꼭 필요한 신뢰감이 부족하게 됩니다. 부모님의 태도를 어릴 때부터 예측하지 못하며 자란 경우에는 자녀도 부모님처럼 대인관계가 복잡하고 변덕스러울 수밖에 없지요.

그러나 이런 부모 밑에서 자랐다고 해서 모두 그렇게 되는 법은 없습니다. 부모님 이외에 다른 어른, 예를 들어 학교 선생님이나 존경하는 위인 중에서 자기가 꼭 닮고 싶은 사람을 하나 정하고 그 사람을 닮으려고 노력해봅시다. 일종의 '역할모델'을 정하면 설령 비교육적인 부모 밑에서 자랐다고 해도 훌륭한 성인이 될 수 있습니다.

역사에 족적을 남긴 위대한 인물 중에는 훌륭한 부모 밑에서 좋은 가정교육을 받고 자란 이보다 오히려 불행한 사람이 더 많습니다. 미국의 클린턴 전 대통령은 계부가 몇 번 바뀌는 환경에서 자랐지만 장학금을 받아가며 공부했습니다. 다시 말해서 어머니 아버지가 제대로 부모 노릇을 못하기 때문에 나 역시 난잡하고 무절제하게 생활한다면 이는 핑계라는 것입니다.

정신이 미성숙한 부모 밑에서 비록 힘든 어린 시절을 보냈다 해도 꾸준한 자기반성과 인내심을 키우다 보면 대인관계에서도 별 탈 없이 지속성을 유지할 수 있습니다. 변덕스러운 사회생활은 10대까지는 눈감아 줍니다. 하지만 그 이후까지도 어린아이처럼 행동한다면 남에게 피해를 주는 것은 물론, 그렇게 사는 자신이 훨씬 더 힘들 것입니다. 그러다 보면 술을 마시거나 극단적인 경우 가출해서 타락의 길로 빠질 수도 있습니다. 쉽게 싫증 내고 마음을 자주 바꾼다고 해서 꼭 나쁜 쪽으로 빠지는 것은 아니지만 그럴 가능성이 높으니 보다 성숙하고 신중하게 결정하는 사람이 되길 바랍니다.

어떤 일을 하건 인내심을 갖고 꾸준히 하는 사람은 성취의 기쁨을 느끼지만 재능이 많고 똑똑하다고 해서 이것저것 손을 대었다가 그만두는 사람은 『토끼와 거북』 이야기에 나오는 낮잠 자는 토끼처럼 땅을 치고 후회할 수 있습니다.

왜 나만 우울한 것일까?

★ _ 우울할 때는 짜증을 내거나 물건을 부수거나 음식을 많이 먹는 등 문제를 일으킬 수 있습니다. 그러기 이전에 자신의 내면 상태를 차분히 들여다보고, 내가 정말 원하는 것이 무엇인지 생각해보세요. 자신의 '우울한' 감정을 정확하게 주변에 전달하는 것도 필요합니다.

★ _ 우울할 때는 가까운 친구나 가족을 찾아가 자신의 마음을 털어놓는 것도 한 방법입니다. 그들을 만났을 때 어떻게 내 마음의 상태를 전달할지 생각해봅시다.

★ _ 만약 위안을 주는 사람이 주변에 없다면 다른 위안의 방법을 찾아봅시다. 게임을 하거나 영화를 보거나 쇼핑을 하거나 음악을 듣는 식으로 자기 활력을 찾는 방법을 생각해봅시다.

★ _ 우울한 마음이 너무 심해서 죽고 싶거나 누군가를 해치거나 혹은 물건을 부수고 싶은 마음이 생길 수도 있습니다. 이때는 정말 좋아하는 다른 일에 집중해보거나 나 자신의 내면의 목소리에 귀 기울이는 노력을 해봅시다. 예컨대 내가 죽은 후, 내 단짝이나 부모 형제가 겪을 슬픔이나 절망감들을 상상해봅시다. 또 누군가를 해치고 싶을 때 벌을 받아 소년원에 가야 하는 상황을 생각해보세요. 나 때문에 다친 상대방의 마음은 어떨지 상상해봅시다. 상상력은 꼭 예술에만 필요한 것이 아니라 여러 가지 상황을 고려하고 다른 사람을 배려할 때도 필요한 덕목입니다.

" 공부는 남과 경쟁하는 것이 아니라
의지가 부족한 나와의 싸움입니다.
공부를 통해 모르는 것을 배우고, 자기를 갈고 닦는다면
이보다 더 좋은 자기 수양은 없습니다. "

왜 공부를 해야 하는 걸까?

누구를 위하여
사는가

 저는 빵 굽는 기술자가 되고 싶습니다. 그런데 부모님은 "우리가 언제 너에게 돈 벌어 오라고 했니? 편하게 공부만 하면 되는데 왜 그런 쓸데없는 생각을 하는 거니?"라고 말씀하십니다. 왜 그렇게 욕심이 없느냐, 성적이 떨어지면 전문대학이라도 가야 한다, 대학을 나와야 사람 구실을 한다고 야단을 치십니다. 제가 대학을 가지 않으면 창피해서 얼굴도 못 들고 다닐 거라고 말씀하십니다. 부모님은 제가 공부 못하는 열등감 때문에 기술자가 되려고 하는 줄 아는데 그건 아닙니다. 저는 제빵 기술을 배우고, 가능하면 나중에 제 이름을 걸고 제과점을 열어 전국적인 체인점을 가지고 싶습니다. 대학에 진학해도 졸업하면 취직을 위해 이리저리 뛰어야 하는데 일찌감치 진로를 정해서 가겠다는 저를 왜 이해하지 못하시는 걸까요? 제가 정말 사회의 비정함을 모르는 것일까요? 대학을 가지 않으면 후회하게 될까요?

얼마 전까지만 해도 공부 잘하는 학생의 꿈은 대부분 의사나 박사였습니다. 그러나 지금 의사나 박사의 위상은 과거와는 많이 다릅니다. 오히려 과거에는 별 대우를 받지 못했던 요리사, 미용사, 디자이너, 기술을 가진 정비사가 박사보다 더 많은 돈을 벌고 있습니다. 일반 사람도 이제는 그들에게 '선생님' 소리를 하면서 깍듯하게 대우합니다.

부모님이 뭐라 하시건 간에 과감하게 자기의 길을 가도 좋은 사회가 되어가고 있습니다. 단 공부하기 싫어서 일종의 도피 방법으로 학교를 그만두겠다는 생각을 해서는 안 됩니다. 자기가 뜻하는 바를 주위 사람들에게 관철하려면 '자기 꿈'을 성실하게 이행하는 모습을 보여야 합니다.

하기 싫은 공부지만 성실하게 마친 후, 주도면밀한 계획을 세워서 자기의 앞날을 헤쳐 나가는 것은 어떨까요? 부모에 대한 반항의 의미로 무조건 대학을 가지 않고 공부를 포기하고 지금 당장 빵집을 내겠다, 미용실을 차리겠다고 말하면 부모에게 떼를 쓰는 것에 지나지 않습니다. 진정으로 독립하려면 경제적인 독립이 함께 수반되어야 합니다.

부모의 힘을 빌지 않고 내 힘으로 장사를 시작할 수 있는 상황이 된다면 저는 말릴 생각이 없습니다. 그러나 마음만 앞설 뿐 독

립을 위해 부모님에게 '손을 벌려야 할 불완전한 상황'이라면 때가
될 때까지 우선은 부모님의 말을 따르는 것이 좋습니다. 그러다가
부모님께 이해를 구하고 정신적으로나 물질적으로 지지를 받은 뒤
에 자신의 길을 가는 것이 좋습니다.

저는 대학을 가지 않아도 열심히 일해서 전문가가 되겠다고 마
음먹고 꾸준히 밀고 나가는 학생을 지지합니다. 부모님이 뭐라 하
건 성실하게 살 자신만 있으면 그렇게 해도 좋습니다. 그러나 성실
하지도 않고 이것저것 건드리다가 결국 부모님에게 손 벌릴 요량이
라면 독립은 미루는 것이 좋습니다.

성적만큼 사랑을 주는 어른들

66 얼마 전에 교실 청소당번을 맡았습니다. 청소를 마치고 선생님께 검사를 받으러 교무실에 갔습니다. 그때 저보다 한발 늦게 우리 반 반장이 문제지를 들고 찾아왔습니다. 제가 "선생님" 하고 불렀을 때는 제대로 쳐다보지도 않던 선생님이 반장에게는 활짝 웃음을 지어보이셨습니다. 그러고는 먼저 온 저를 옆에 세워놓고 반장이 가져온 문제를 풀어주었습니다. 반장이 자리를 뜨고 나서야 제가 보이는지 선생님은 "왜?" 하고 딱딱하게 물으셨습니다. 선생님의 태도가 서운해서 저는 기어들어가는 목소리로 청소구역을 검사 받으러 왔다고 했습니다. 선생님은 다시 하던 일을 계속하며 저에게는 눈길도 주지 않은 채 "나가 있어"라고 말씀 하셨습니다. 저도 모르게 눈물이 핑 돌고 선생님이 원망스러웠습니다. 공부 잘하는 아이만 예뻐한다면 교육이 무슨 필요가 있을까요? 99

학생들은 차별하는 선생님을 싫어합니다. 그래서인지 선생님에게 특별히 관심 받는 친구를 따돌리기도 합니다. 부모가 촌지를 건네서, 혹은 집이 잘산다는 이유로, 또는 공부를 잘하기 때문에 선생님에게 사랑받는 아이는 건방져서 재수 없다는 것입니다.

그러고는 선생님의 관심을 포기했다고 말하지만 실제로도 그럴까요? 대다수 학생은 선생님에게 따뜻한 말 한마디, 따사로운 미소를 바랄 것입니다. 특히 집에서 부모님에게 사랑받지 못하는 친구에게는 학교에서 만나는 선생님이 유일한 존경의 대상입니다. 그러나 우리나라 현실에서는 선생님이 학생에게 골고루 사랑을 나눠주기가 어렵습니다. 서양에서는 선생님 한 분이 학생 몇 명을 앞에 놓고 개인지도하듯 수업을 하지만 우리나라에서 아직 여건이 안 됩니다. 수십명 학생들을 앉혀놓고 주입식으로 지식만 밀어 넣는 것을 당연하게 생각하는 이런 환경에서 스승과 제자의 인간적인 관계를 꿈꾸는 것이 더 이상한 일인지도 모릅니다.

그러다 보니 선생님이 일부 눈에 띄는 학생에게만 관심을 갖는 것처럼 보일 수 있습니다. 선생님으로서는 당신의 강의를 열심히 경청하고 제대로 이해해주는 성적 우수학생에게 아무래도 관심이 더 갈 것입니다. 성적이 좋은 학생은 선생님의 능력을 교장선생님

등 외부에 과시할 수 있는 바로미터가 되기 때문입니다. 그러나 아직도 많은 선생님이 잘난 학생보다는 좀 못나고 환경이 어려운 학생에게 더 많은 애정을 갖고 있다고 저는 믿습니다. 돈을 좋아하고 명예를 중시하는 사람이라면 교사의 길로 들어서지도 않았을 거예요. 교직의 길을 걷는 사람은 대부분 사명감이 큰 분들입니다. 물론 선생님도 교사이기 이전에 인간이기 때문에 학생을 대하는 태도는 완벽하게 공평할 수는 없습니다. 부모님도 자녀를 항상 공평하게 대하지 못하는데 하물며 스승과 제자 사이는 더 말할 것이 없겠지요.

학생의 입장에서도 남에게 인정받는 것을 지나치게 중요하게 생각하는 것은 아닌지 스스로 점검해보는 것이 좋겠습니다.

다른 사람의 관심의 대상이 되고 또 어른과 스스럼없이 대화하는 것은 좋지만, 모두가 그렇게 살아야 한다는 법은 없습니다. 자신이 미운 오리새끼처럼 천덕꾸러기 취급을 당한다고 느끼면, 지금부터라도 마음 먹고 꾸준히 실력을 키워 먼 훗날에 아주 멋진 모습으로 변신할 수 있도록 노력하는 것이 좋지 않을까요? 이 세상 어른이 모두 공평하지 못한 사람은 아니니까요.

왜 공부를 해야 하는지
모르겠어요

“부모님은 제가 산만하고 욕심이 없고 의지가 약해서 공부를 잘하지 못한다고 생각합니다. 굳건한 의지를 갖고 마음만 단단히 먹으면 머리가 좋아서 금세 성적이 올라갈 거라고 믿고 있습니다. 하지만 저는 부모님의 생각과는 다릅니다. 저는 의지가 약한 것이 아니라 공부 체질이 아닙니다. 세상에서 나만큼 나를 잘 아는 사람은 없습니다. 저는 수업시간에는 단 5분도 집중할 수 없고 무척 게으릅니다. 공부를 잘하고 싶지도 않고 대학을 꼭 가겠다는 의지도 없습니다. 모르는 문제를 알고 넘어가는 성격도 아니고 친구와 경쟁하는 것도 싫습니다.

왜 모두에게 공부를 강요하는 것인가요. 의무 교육제도가 꼭 필요한지도 의문입니다. 학교에서만이 아니라 사회활동을 하면서도 공부를 할 수 있는데, 왜 읽고 쓰는 것 외에 필요 없는 많은 것을 학생이 배워야 하는지 모르겠습니다.”

세상에는 공부 체질이 아닌 사람이 분명 있습니다. 공부는 하고 싶은데 그러지 못한다면 일단 학습장애를 의심해야 합니다. 학습장애에는 몇 가지 이유가 있습니다. 먼저 언어습득에 일차적 문제가 있습니다. 희귀한 경우이긴 하지만 글씨를 읽지 못하거나, 또는 읽어도 그 뜻을 이해하지 못하는 경우도 있습니다. 그런 경우는 전문적인 진단과 치료를 받아야 합니다.

주의력 집중에 문제가 있는 경우도 있습니다. 과잉행동증후군이라고 해서 어려서부터 한자리에 오래 앉아 있지 못하고 또 앉아 있다 하더라도 산만한 사람입니다. 성장 발달과정 중에 저절로 좋아지는 수도 있지만, 이들은 학습의 기초가 되어 있지 않기 때문에 진도 자체를 따라가지 못해 학습부진아가 되는 경우가 많습니다. 이럴 때도 전문가의 정확한 진단을 받아 학습부진의 원인을 알아야 합니다.

세 번째는 정서적으로 문제가 있는 경우입니다. 불안하거나 우울한 정신 상태로는 아무리 지능이 높아도 공부를 잘할 수 없지요. 부모와 갈등 관계라거나 친구와의 사이가 어긋날 경우에도 공부에 전념할 수 없습니다. 머리는 좋지만 집안 환경이 안 좋거나 대인관계가 나빠 비뚤어진 길로 가는 사람들이 이런 경우입니다.

네 번째는 지능 자체가 나쁜 경우입니다. 그러나 지능지수 70 이

하의 정신박약을 제외하고는, 공부 잘하는 것과 지능지수는 정확히 비례하는 것이 아닙니다. 지능지수는 높지만 공부를 잘해야겠다는 동기 형성이 되어 있지 않다면 공부를 잘할 수 없습니다.

왜 공부를 하기 싫은지 객관적으로 분석해 보아야 합니다. 저는 인생관과 가치관이 달라서 공부를 하지 않겠다고 하면 그 학생의 결정을 찬성하고 존중합니다. 그러나 이들도 대안은 가져야 합니다. 장사를 하거나 운동선수가 된다거나 세일즈맨, 농민, 기술자로 성공하겠다는 의욕이 있어야 합니다. 어릴 때부터 자기가 갈 길을 정해서 열심히 노력한다면 결과의 좋고 나쁨을 떠나 매우 가치 있는 일입니다. 부모님에게 무조건 공부하지 않겠다고 떼를 쓰기보다는 "나는 다음에 이런 사람으로 살아갈 테니 적극적으로 후원해달라" 하는 식으로 설득하는 것이 좋습니다.

물론 부모님도 공부에 흥미가 없는 자녀를 무조건 공부시키겠다는 태도를 바꾸어야겠지요. 그렇게 되기 위해서는 학벌 위주의 이 사회를 앞으로 많이 바꾸어야 할 것입니다. 여러분이 그런 사회를 만들도록 앞장서 주세요.

1등을 빼앗길까봐 두려워요

“저는 공부를 잘합니다. 친구들은 제게 1등의 비결이 뭐냐고 물어보고 저를 몹시 부러워하는데 사실 1등을 지키기 위해 제가 얼마나 힘든 노력을 하고 있는지 아는 사람은 없습니다. 시험 때만 되면 1등을 빼앗길까봐 초조합니다. 남보다 1분이라도 더 공부를 해야 한다는 강박관념이 저를 짓누릅니다. 때로는 저를 뒤따르는 친구들이 열심히 공부하고 있는지 몰래 살펴보기도 합니다. 그러고 보면 저는 무척 가식적이고 이기적인 것 같습니다. 남들 앞에서는 “이번엔 1등을 못할 것 같아. 그래도 상관없어”라고 말하지만, 1등을 빼앗길까봐 전전긍긍하고 있으니까요. 다른 친구들은 시험이 끝나면 한시름 놓고 취미생활을 하기도 하는데 저는 그럴 여유가 없습니다. 힘들게 1등을 지켜도 전혀 기쁘지 않고 다음에 또 1등을 할 수 있을지 고민하기 바쁩니다. 제가 승부욕이 지나친 걸까요?”

돈 많은 중동 지역에서는 제발 공부를 하라고 정부가 애원을 해도 청소년이 학교에 들어갈 생각을 하지 않는다는데 우리나라는 그에 비하면 병적으로 학벌에 집착하는 편입니다.

부모나 선생님이 성적만을 강조하는 것은 나름의 이유가 있습니다. 우리에게는 선비를 대우하고 육체노동을 천시하는 전통이 있습니다. 시대가 변하면서 정체된 계층사회에 변화가 오기 시작했습니다. 수백 년간 내려오던 양반 상민의 계급이 일시에 무너지게 되면서 사회가 짧은 시간 동안 개편된 것입니다. 이때 결정적인 역할을 한 것이 학벌입니다. 그러다 보니 학연 등으로 얽힌 관계가 중요해진 것입니다.

최근까지 우리나라에서는 학벌이 사회 계층의 수직 이동을 위한 가장 손쉬운 방법이었습니다. 초등학교만 나온 경우와 외국에서 박사학위를 따온 사람들이 누릴 수 있는 삶은 많은 차이가 있었습니다. 80년대 이전에는 배우지 못한 사람이 사회에서 설 자리가 없었습니다. 그래서 부모님이 허리띠를 졸라매고 고된 노동을 하더라도 자식만큼은 공부를 시키겠다고 마음먹은 것입니다. 비록 나는 못 배워서 이런 설움을 받고 있지만 나중에 내 자식이 공부 잘해서 출세만 하면 나의 모든 불행이 상쇄될 수 있다고 생각한 것입니다.

그러니 자식을 공부시키는 일에 온 국민이 힘을 쏟게 된 것입니다. 자녀도 어려운 상황에서 모든 것을 희생해가면서 뒷바라지하는 부모님을 기쁘게 하기 위해 열심히 공부했습니다. 이런 교육열로 인해 우리나라는 지난 몇 십년간 놀라운 경제성장을 이룩했습니다. 그런데 이제는 그 부작용이 나타나고 있습니다. 자녀를 공부만 하라고 내몰지 않아도 될 만큼 경제가 성장하고 사회가 발전했는데, 사람들의 심리 속에는 아직도 학벌 위주의 구시대적 고정관념이 남아 있는 것입니다. 이제는 재화, 즉 돈의 많고 적음 같은 물질적인 양을 떠나 삶의 질을 생각해야 할 시기인데도 아직 경쟁만이 살 길인 양 착각에서 벗어나지 못하는 것입니다.

우리 부모님은 그런 경쟁의 와중에 태어난 분이 대부분입니다. 자신이 혹독하게 경쟁하여 살아남은 만큼 내 자식에게도 내가 받은 교육과 가치관을 강요하는 것입니다. 10등을 하면 9등을 하도록, 2등을 하면 1등을 하도록 내모는 것도 그 때문입니다. 이런 가치관으로 살아온 청소년은 부모의 가치관을 받아들여 오로지 남을 이기고 밟아야만 자신이 성공할 수 있다고 생각하고 무조건 성적에 매달립니다. 그런데 더 이상 올라갈 곳이 없는 1등 학생은 괴롭습니다. 마치 사다리의 맨 위에 걸려서 허공에 대롱대롱 매달린 형상이라고나 할까요. 벼랑 끝에 매달려 아래에서 자기를 향해 돌진해 오는 경쟁자를 물리쳐야 한다는 강박관념에 시달립니다.

별다른 취미나 친하게 지내는 친구도 없는데 오로지 공부만을 강요하는 가족과도 따뜻한 사랑을 나누지 못한다면 그 학생이 매달릴 길은 공부밖에 없고 성적이 떨어지면 모든 희망이 사라지게 됩니다. 이들에게 공부란 일종의 '자기 방어Self Defense'입니다.

부모가 걸핏하면 싸운다든가 또는 매우 가난한 집의 자녀 중에도 공부 잘하는 아이가 많습니다. 어려운 환경이라는 고통을 승화하여 결국에는 나에게 유리한 면으로 이를 활용한 것이라고 할 수 있습니다. 그러나 표면적으로 보기에는 매우 씩씩하게 잘사는 것 같지만 실제로는 성적이 인생의 유일한 목표이자 보람이라서 정신적으로 건강하지 못한 경우가 많습니다. 공부라는 것은 가끔 하기 싫을 때도 있고 남보다 뒤처질 때도 있는데 이런 슬럼프를 그들은 편안하게 받아들이지 못하기 때문입니다.

그럼 공부에 대한 압박감을 어떻게 물리칠 수 있을까요? 그냥 막연하게 '그깟 성적쯤 아무것도 아니다'라는 식으로 속 편하게 말하면 될까요? 성적만이 인생의 전부인 절박한 학생에게 그런 이야기는 아무런 답을 주지 못합니다.

남들보다 앞서기 위해서 공부하는 것이라면 과감하게 그 목표를 버리는 게 좋습니다. 이제는 공부 잘하는 학생이 제일 잘 나가고 높은 자리에 올라 출세하는 사회가 아닙니다. 박사학위가 있어도 부모에게 손 벌리는 어른이 있는가 하면 초등학교만 나와도 떵떵거리며 살 수 있는 게 요즘 사회의 새로운 모습입니다.

'1등'은 자기와 부모의 허영심을 만족해주는 일종의 장신구 정도로 여기는 게 좋습니다. 보석이 비싸면 비쌀수록 아름다고 욕심도

나지만 사실은 그 때문에 정신적인 속박이 얼마나 많은가요. 잃어버리거나 보석에 상처라도 날까봐 전전긍긍하지요. 더 비싸고 좋은 보석으로 바꾸고 싶고, 보석에 맞추어 비싼 옷도 입어야 합니다. 욕심은 한도 끝도 없습니다. 이럴 때 과감하게 비싼 보석을 버리고 가벼운 차림으로 길을 걸어가면 어떨까요. 1등이란 이런 비싼 장신구 같은 존재, 그보다 더 못한 것에 불과합니다. 장신구는 시간이 흘러도 색깔이 지속되지만 1등이란 성적은 학교를 졸업하고 나면 아무도 기억하지 못합니다.

내 경쟁자는 우리 반의 친구가 아니고 욕심 많고 게으른 '나'라고 생각하면 남의 눈치를 볼 일도 없습니다. 공부할 때 성적에 맞추는 게 아니라 장기적인 계획을 세워 학문다운 학문에 몰입해 보겠다는 생각을 해보는 게 어떨까요?

남과 경쟁하기보다는 의지가 부족한 나와의 싸움으로 생각한다면, 그래서 공부를 통해 자기를 갈고 닦는다면 이보다 더 좋은 자기 수양은 없습니다. '앎'을 통해 자기를 자유롭게 해방하고 더 깊은 정신세계를 지향하는 공부가 이제는 우리의 정신을 속박하는 감옥이 된 사실에 통탄합니다.

선생님께 꾸중을
들은 뒤부터는

  66 어떤 과목은 학교에서 배우는 것이 학원에서 배우는 것보다 진도가 늦는 경우가 있습니다. 이미 알고 있는 것을 배울 때는 수업에 집중을 못합니다. 그날 저는 학원에서 배운 부분을 수업시간에 듣고 있다가 집중을 못하고 친구가 가져온 잡지를 몰래 읽었습니다. 좋아하는 연예인의 기사가 실려 있어서 저도 모르게 몰입했는데 그만 선생님께 들키고 말았습니다. 선생님은 잡지로 저의 머리를 내려치고는 교실 밖으로 나가라고 꾸중하셨습니다. 그 기억이 너무 생생해서 며칠이 지났는데도 그 선생님 앞에서 고개를 들지 못합니다.

선생님 역시 저를 보는 눈이 무섭고 차가워졌습니다. 저는 그 과목 시간만 되면 시선을 피하게 됩니다. 얼마 전에는 담임선생님이 그 선생님 수업시간에 저질 잡지를 읽었느냐고 제게 물었습니다. 선생님과 사이가 멀어지니 학교생활도 힘겹습니다. **99**

지나친_폭력은_자아존중감을_ 떨어뜨립니다_

학창시절에 선생님의 꾸중을 듣고 이 때문에 깊은 상처를 받는 아이가 많습니다. 위기철의 『아홉 살 인생』이라는 책에는 무표정한 얼굴로 아이를 때리는 무정하고 기계적인 선생님을 묘사한 장면이 있습니다. 책을 읽다가 저도 모르게 화가 나서 주먹을 불끈 쥐었습니다. 거칠고 고집 센 학생에게는 가끔 사랑의 매가 필요하지요. 그러나 우리나라처럼 학교 환경이 척박한 현실에서는 학생이나 선생님 모두 스트레스를 많이 받아서 교육과는 거리가 먼 체벌이 종종 일어납니다. 선생님으로서는 "오죽 하면 때리겠느냐"고 하지만 학생으로서는 인간적인 신뢰감이 없는 체벌에 심하게 반발합니다.

자주 맞게 되면 인격에 큰 손상을 받기 때문에 '자아존중감Self Esteem'이 매우 낮아집니다. 어떤 일을 할 때에는 강한 추진력이 있어야 하는데 자아존중감이 낮을 경우에는 매사 열의가 없고 '자신감Self Confidence'도 결여됩니다. 일종의 '학습된 무기력증Learned Helplessness'에 빠져 "나처럼 못난 사람이 해봤자 되겠어" 하는 자포자기의 심정에 빠지기도 하지만, "그래 너희들이 나를 무시하고 핍박했으니 뭔가 보여주겠다" 하고, 극단적인 목표를 잡아 스스로를 못살게 굴기도 합니다.

여러 사람 앞에서 체벌을 모욕적으로 받은 경우에는 대인공포증이나 사회공포증Social Phobia이 생길 수 있습니다. 이럴 경우 다른 사람의 시선을 지나치게 의식해 행동이 자유롭지 못합니다.

질문을 한 학생은 수업이 재미없어서 다른 잡지를 보다가 선생님에게 맞은 경우입니다. 선생님에게 맞았기 때문에 모멸감을 느끼긴 했지만 지속적으로 구타를 당한 건 아닌데 학생이 너무 예민하게 반응하는 것이 아닌가 싶어요. 가정에서 곱게 자라서 욕설을 듣거나 체벌을 당한 경험이 없는 학생은 학교에서 갑자기 '거칠고 모욕적인 취급'을 당하면 당황하고 속상해서 학교에 가는 게 싫어질 수 있습니다. 실제로 폭력 없는 세상이 와서 모든 이들이 어른답게 대화하고 성숙하게 생활한다면 좋겠지만 현실은 그 반대인 경우가 많지요. 특히 학교나 군대처럼 꽉 짜여진 조직일 때는 자신의 좌절과 스트레스를 폭력적인 행동을 통해 푸는 경우가 적지 않습니다.

궁극적으로는 폭력이 없는 사회가 우리가 지향하는 성숙한 유토피아겠지만, 일단은 현실을 받아들이고 가벼운 체벌 정도는 받아들이는 자세가 필요합니다. 앞으로 펼쳐질 거친 사회생활에 필요한 '면역주사' 정도로 생각하면 어떨까요.

도시 학생의
배부른 투정이 부러워요

❝ 저는 시골을 떠나 대도시로 이사가고 싶습니다. 대학은 서울에서 다니고 싶은데 제 성적은 도시 학생에 비해서 많이 떨어지는 편입니다. 그래서 열심히 공부하고 있지만 그것도 모르는 부모님은 공부하고 있는 저를 아무 때나 불러내서 힘든 일을 시킵니다. 제가 화를 내면, 책상에 앉아 있는 공부가 뭐가 힘드냐, 힘든 일 하는 부모를 돕는 것이 뭐가 그리 어렵냐고 도리어 역정을 내십니다. 부모님이 저를 무시하는 게 절망스럽고 빨리 이 시골을 떠나고 싶습니다. 시골 학생들이 머리가 나빠서 공부가 뒤처지는 게 아닙니다. 가장 큰 이유는 도시 학생이 공부할 시간에 육체적으로 힘든 일을 해야만 하기 때문입니다. 도시 학생들은 야간자율학습을 하기 싫다고 하는데 저는 그것마저 한없이 부럽습니다. **❞**

우리나라의 지역간 격차는 정치 경제 뿐 아니라 교육 부분에서도 심각합니다. 신문방송에는 어려운 가정 형편에도 불구하고 우수한 성적으로 대학에 입학한 학생의 이야기가 나오지만 그건 매우 예외적인 경우입니다. 대부분은 부모가 어떻게 뒷바라지를 하느냐에 따라 자녀의 학습 수행의 결과가 다르게 나타납니다. 그러니 농촌 또는 어려운 가정환경에서 집안일을 하면서 공부를 하는 아이들은 불만이 많을 수밖에 없지요. 다른 부모는 비싼 과외를 시키고 학원에 보내느라고 정신이 없는데 우리 부모는 그러지는 못할망정 힘든 농사일이나 집안일을 시키니까요. 그런 부모와 부딪히면서 서운함을 느끼다 보면 가출하고 때로는 비뚤어지는 경우도 있습니다. 그러나 부모님이 나에게 뒷바라지를 하지 않는다 헤도 그린 식의 해결 방법을 찾는 것은 도움이 되지 않습니다.

공부다운 공부, 학문다운 학문에 앞서 청소년 시기에는 격렬한 육체노동으로 신체를 단련하는 것도 중요하다는 것을 강조하고 싶습니다. 제 경우만 해도 요즘 아무리 공부가 하고 싶어도 나이가 들면서 체력이 딸려 욕심만큼 해내지 못하고 있습니다. 어려서 운동은 하지 않고 책만 들여다봐서 신체가 약해졌기 때문이지요. 사회에 나가기 전까지는 공부만 잘하면 큰 문제가 없었는데, 일단 어른이 되면 여러 가지 사회 활동을 해야 하고, 일도 해야 하는데 어려서부터 운동부족으로 인해 약하고 단련되지 않은 신체 때문에 제대로 책에 집중할 수 없습니다.

성공에 있어서 중요한 것은 얼마나 많은 시간을 일했느냐가 아닙니다. 그 사람의 아이디어와 상상력이 얼마나 독창적이냐가 중요합니다. 자연의 거대한 아름다움과 그 자연과의 일체감을 느끼게 하는 노동의 즐거움을 도시의 청소년은 모릅니다. 지금 당장은 성적이 떨어져서 안타깝겠지만, 멀리 내다보고 더 크고 웅대한 기개를 키워보기 바랍니다. 공부는 중학교, 고등학교 때까지만 하고 그만두는 게 아닙니다. 학교를 졸업하는 그때부터 공부다운 공부가 시작된다고 해도 과언이 아닙니다. 초조하게만 생각하지 말고 먼 곳을 응시하는 여유를 가졌으면 좋겠습니다.

다시는 전학 가지 않을래

    66 저를 서울의 이름난 고등학교에 보내기 위해 어머니는 많은 노력을 하셨습니다. 하지만 전학을 하기가 쉽지 않아서 저는 일단 고향에 있는 고등학교에 입학했습니다. 그러다가 1학년 여름방학이 지나고 서울에 있는 고등학교로 전학을 갔습니다. 고향을 떠나올 때는 초등학교, 중학교까지 함께 다녔던 단짝친구와 헤어지는 일이 가슴 아팠지만 한편으로는 서울 생활에 대한 기대감도 있었습니다.

그런데 막상 서울 이모집에 살면서 새로운 환경의 학교생활에 적응하려니 모든 게 어렵습니다. 가족과 떨어져 지내는 것도 힘들지만 서울 말씨를 쓰는 친구들과 지내는 것도 쉽지 않습니다. 바쁘게 따라가야 하는 수업도 제겐 부담스럽습니다. 성적이 뚝뚝 떨어질 때마다 어머니의 기대에 미치지 못한다는 부담감이 가슴을 짓누릅니다. **99**

전학한 학생이 받는 정신적 고통은 마치 아무 연고와 재산 없이 이민 갈 때 받는 스트레스와 비슷할 것입니다. 익숙한 언어와 친숙한 사람을 떠나 낯선 땅에서 남의 나라 말을 쓰며 어떻게든 적응해 나가려고 하루하루 필사의 노력을 해본 경험이 있는 이들은 아마도 낯선 환경으로 전학한 학생의 고통을 이해할 수 있을 것입니다. 비슷한 학교에서 비슷한 공부를 하는데 뭐가 그리 힘드냐, 그 정도도 참아내지 못하면 앞으로 더 어려운 일을 어떻게 견디겠느냐고 반문하는 어른이 있을지 모르겠습니다.

전학을 자주 다니면서 친구에게 따돌림을 당한 경험이 있거나 학과 공부를 따라가지 못하여 좌절한 경험이 있는 사람은 성인이 된 다음에도 종종 대인관계에서 장애를 경험하거나 자기 성취에 대해서 불안감을 느낍니다. 아이들 세계에도 그 나름의 권력이 있고 위계질서가 있습니다. 집단 밖에 있는 아이에게는 무서운 배타성을 보이고 경쟁심과 질투심으로 인해 약한 친구를 바보로 만들기도 합니다. 정신과 의사의 입장에서 말한다면, 가능하면 학기 중간에는 전학을 가지 않는 게 좋습니다.

외국으로 이민을 가거나 아버지의 직장 때문에 외국에 잠시 나갔다가 들어오는 경우, 그 문화적 충격을 이기지 못하면 학교 거부증, 우울증, 불안 신경증 등의 정신장애가 나타나기도 합니다. 내신 성적이 꼬리표처럼 계속 따라다니므로 중간에 전학 온 아이는 성적에 따라 질시의 대상이 되거나 혹은 경멸의 대상이 되기도 합니다.

그러나 어쩔 수 없는 사정으로 전학을 가게 된 경우라면 적응하는 요령을 배워야 합니다. 자기가 과거에 속했던 학교에 대한 미련이나 기억은 빨리 떨쳐 버리는 것입니다. "내가 옛날에 다니던 학교에서는 이랬어"라는 이야기는 되도록 하지 않는 편이 좋습니다. 내게는 소중하고 즐거운 추억이지만 다른 아이에게는 전혀 관심 없는 주제이기 때문입니다. 조금이라도 자기 자랑을 섞는다면 앞에서는 그 말을 듣는 체 하다가 뒤에서는 흉을 볼지도 모릅니다. '로마에 가면 로마인처럼 행동하라'는 말이 있습니다. 생활습관 같은 것은 언제든 벗을 수 있는 의복 같은 것이라고 생각하고 마음의 중심만 바뀌지 않는다면 겉모습이야 얼마든지 타협할 수 있는 것이라고 생각하는 것이 좋습니다.

어른이고 아이고 낯선 사람은 경계하고 그 낯선 사람이 자기보다 잘난 것 같으면 어떡하든 그 사람의 기를 꺾어 자기에게 굽실거리게 만들려는 심리가 인간에게는 있습니다. 일종의 '텃세' 비슷한 것입니다. 이때 내성적이고 자존심 강한 사람은 쉽게 상처 받습니다. 이러한 사람은 겉으로만 강하지 사실은 매우 연약합니다. 다른 사람의 말 한마디에 실망하고 열등감을 느끼지만 그것을 감추기 위해 친구 앞에서는 잘난 체하기도 합니다. 고통스러워하는 친구의 마음을 보는 것이 아니라 거만하고 똑똑한 체하는 겉모습만 보기 때문에 우리는 그의 실제 마음을 알 수 없습니다.

전학을 가서 새로운 환경에 처하면 마음을 활짝 열고 친구들에게 있는 그대로의 자기를 보여주는 것이 좋습니다. "나는 이런 성격 때문에 이렇게 자리가 바뀌니까 매우 불안하고 힘들어. 여러 가지로 서툰 것도 많고 모르는 것도 많아" 하고 솔직하게 이야기하면, 학생들이 쓸데없이 거부감이나 경계심을 갖지 않을 것입니다.

따돌림이나 학교폭력을 걱정하는 어른이 많지만, 그래도 청소년이 성인에 비해 순수한 마음을 갖고 있습니다. 일단 새로운 친구들을 열린 마음으로 믿어보고 용감하게 도움을 청해 보세요.

선생님도
인간이라고요?

괜찮아, 열일곱 살

> **66** 저는 선생님이 친구를 야단치거나, 특별히 어느 누구를 예뻐하고 차별하는 것을 알게 되면 화가 나서 견딜 수가 없습니다. 수업시간에 숙제 검사를 하다가 중간쯤에서 그만두고 마는 선생님은 한없이 게을러 보이고, 아이들의 성적을 공개하는 선생님은 비인간적으로 느껴집니다. 체벌을 가하는 선생님을 보면 분을 삭이기 힘듭니다.
>
> 다른 아이들은 얘기할 때뿐인지 금세 잊고 마는데 저는 유독 오래 기억하며 화를 냅니다. 나중에 힘 있는 사람이 되어서 선생님을 혼내주고 싶습니다. 교육자인 선생님이 그런 모습을 보이면 안 된다고 생각합니다. 선생님의 행동 하나하나에 신경을 집중하며 화를 내는 제가 피행망상인 것일까요? **99**

존경심이_큰_만큼_
실망도_큰_법입니다_

　선생님의 '체벌'은 자신의 개인적인 감정을 싣지 않고 교육적인 범주 안에서 이루어져야 합니다. 선생님이 자기의 스트레스나 좌절감을 풀기 위해 매를 든다면 교사로서의 자격이 없습니다. 그러나 청소년 중에도 선생님의 사소한 꾸중을 참지 못하고 필요 이상으로 화를 내는 경우가 있습니다. 어떤 학생은 선생님에게 매를 맞고도 돌아서면 씩 웃고 마는데, 어떤 친구는 선생님이 친숙한 표현으로 어깨를 툭 건드리기만 해도 화를 냅니다.

　잘못해도 큰소리 한 번 내지 않고 조목조목 가르치고 설명하는 성숙하고 훌륭한 부모 밑에서 자란 아이라면, 매를 휘두르고 논리에 어긋나는 꾸지람을 하는 선생님의 교육 태도를 비판할 수밖에 없습니다. 부모가 지나치게 자유방임으로 자녀를 교육했을 경우, 적절한 훈육을 받은 경험이 없는 학생 역시 매를 드는 선생님에게 당황하고 분노합니다. 지나치게 엄한 부모 밑에서 자란 아이도 자기주장을 제대로 펴지 못했기 때문에 부모와 비슷한 선생님의 어떤 면과 마주치면 필요 이상으로 분노합니다.

　어느 쪽이든 상대방의 잘못에 대해 지나치게 예민한 이들은 공통적으로 '내적 자신감'이 부족한 것입니다. 스스로 충분히 행복하고, 남이 뭐라 하건 자존심에 별로 상처받지 않는 사람은 그 상

대가 선생님이건 부모님이건 친구건 씩 웃어넘기고 말지요. 그러나
자존심이 낮고 정서적으로 예민한 경우는 작은 일에도 상대방이
자신을 무시한다고 오해해서 지나치게 화를 냅니다.

어떤 사람을 좋아하거나 존경하면 그 사람은 완벽하다는 오해를
하고 그를 '이상화'하게 됩니다. 이런 감정은 대인관계에서 도움이
되기는커녕 오히려 방해가 되기 십상입니다. 기대가 큰 만큼 실망감
도 크기 때문에, 나중에는 그 사람의 좋은 면도 인정할 수 없습니
다. 내게도 장점과 단점이 있듯이 어른도 양면을 가지고 있습니다.
선생님이나 부모님은 겉으로는 점잖은 척, 성숙한 척하고 있지만 마
음속은 여러분과 똑같이 상처받고 실망하고 좌절하고 있을지 모릅
니다. 단지 그런 약점을 내놓고 표현하지 않으려고 할 뿐입니다. 선
생님이 자신의 문제점을 노출시켜 버린다면 권위가 서지 않아서 그
럴 수도 있습니다.

선생님도 교사 이전에 단점을 지닌 인간이라는 것, 그리고 그런
약점을 간접 경험하면서 여러분이 조금씩 성상한다는 것을 알았으
면 좋겠습니다. 여러분이 사회에 나가면 불완전하고 때론 감정적이
기까지 한 선생님과는 비교할 수 없을 정도로 사기꾼도 많고 나쁜
사람도 많이 만날 거예요. 그럴 때마다 좌절하고 실망해서 삶을
포기하지 않도록 미리 청소년기에 예방주사를 맞는 것이라고 생각
하면 어떨까요?

'죽은 학교'를 살리기 위한 작은 노력

학교는 지식을 가르친다는 목적 아래 획일화된 인간을 만드는 곳에 지나지 않는다고 극단적인 생각을 하는 청소년들이 많습니다. 그러나 우리가 성숙한 어른이 되기 위해서는 학교에서 기초적인 지식을 배우고 친구들과 어울려 지내는 사회화 과정을 거치는 게 필요합니다. 산업 육성소, 인력 육성소의 의미가 아니라 진정한 우정과 사랑을 나누고 몸과 마음을 성장하는 교실로 바꾸려면 어른들뿐 아니라 청소년들도 노력을 해야 합니다. 다음의 질문을 듣고 생각해보세요.

★_유명한 교육학자 프레이리는 그의 책『페다고지』에서 '학교는 죽었다'라고 선언한 바 있습니다. 자유로운 창의성을 말살하는 학교의 나쁜 관습으로는 어떤 것이 있는지 이야기해봅시다.

★_이른바 '대안학교'에는 어떤 것들이 있고 자신이 만약 '정책 입안자'가 되면 어떤 교육제도를 만들어낼 수 있을지 생각해보세요.

★_학교가 '산업 육성소' '인력 육성소'로 전락하는 것을 막기 위해서는 무엇보다 구성원이 인간적인 유대감과 신뢰감을 회복하는 게 급선무입니다. 선생님을 존경하고 친구와의 우정을 회복하기 위해서 우리는 어떤 노력을 기울여야 할까요?

66 '자존감'이 낮은 사람은 자기를
가치 없는 사람이라고 생각하기 때문에
사람을 만나는 것에도 소극적입니다.
먼저 나를 인정하고 사랑할 때,
남을 당당하게 사랑할 수 있습니다. 99

66 '자존감'이 낮은 사람은 자기를
가치 없는 사람이라고 생각하기 때문에
사람을 만나는 것에도 소극적입니다.
먼저 나를 인정하고 사랑할 때,
남을 당당하게 사랑할 수 있습니다. 99

6장

내게도 사랑이 올까?

성관계를 가진 뒤 애정이 식었어요

“ 여름방학 때 남자친구와 여행을 다녀왔습니다. 둘만 가는 것이 불안했지만 저의 그런 오해가 섭섭하다며 안심하라는 남자친구의 말을 믿었습니다. 그런데 여행 이틀째 되던 날 남자친구는 관계를 요구하였고, 제가 계속 거부하는 것은 사랑하지 않기 때문이라면서 억지를 부렸습니다. 남자친구의 오해가 두려워 결국 관계를 가지고 순결을 잃었습니다. 그런데 그날 이후부터 남자친구가 제게서 멀어지는 느낌이 듭니다. 그가 가볍게 건네는 농담에도 가슴이 아프고, 제가 쉽게 관계를 승낙해서 실망한 것은 아닌지 자꾸 눈치를 보게 됩니다. 그 전에는 남자친구가 적극적이었는데 이제는 제가 더 적극적입니다. 남자친구는 변하지 않았는데 순결을 잃은 이후 제가 너무 민감해진 걸까요?

섭섭함과 불안감 때문에 견딜 수가 없고, 다시 그 전의 상황으로 돌아가고 싶을 뿐입니다. 여자가 순결을 잃었다는 건 정말 끝을 의미하는 걸까요? **”**

성에 대한 관념도 전보다 자유로워진 것이 사실입니다. 이제는 길거리에서 포옹하는 정도는 사람들의 시선도 끌지 못합니다. 텔레비전 등 대중매체에서도 미혼모 문제, 혼전 성관계, 불륜 등을 거리낌 없이 묘사하기 때문에 기성세대로서는 당혹감을 느낍니다.

이런 성문화의 변화에 대해 기성세대는 우선 도덕적인 판단부터 내리고 청소년의 성충동을 막으려고 합니다. 어린 나이에 멋모르고 성경험을 한 뒤 공부에 집중하지 못하는 학생이 많아서입니다. 또 어렸을 때 지나치게 감각적인 쾌락을 좇다보면 미래에 대한 계획이나 대책을 세우지 못하고 세월을 낭비할 수 있습니다. 성적인 충동을 참는 미덕을 청소년 시기에 적절하게 배우지 못할 수도 있습니다. 이런 여러 가지 이유 때문에 기성세대는 무조건 이성간의 접촉을 막으려고만 하지요.

저는 여러분이 내 아들이나 딸, 또 형제들이라면 일정한 연령에 이르러서 스스로의 생계를 책임지고 한 가정을 꾸릴 때까지는 성경험을 미루라고 권하고 싶습니다. 성경험이 나쁜 일이라거나 비난받을 일이라고는 생각하지 않습니다. 다만 내 감정과 육체에 대해 제대로 이해하고 있어야 보다 완전한 사랑이 가능하기 때문입니다.

내 몸도 제대로 알지 못하면서 이성의 몸을 먼저 알고 거기에 집착한다면, 또 자기가 원하는 사랑의 방식이 무엇인지도 모르면서 애정의 대상부터 가지려 한다면 앞뒤가 바뀐 것이 아닐까요. 남을 사랑하기 이전에 자기를 가꾸고 진정으로 사랑하는 법을 먼저 배워야 합니다.

보수적인 생각을 갖고 있는데도 원치 않는 성경험을 하는 학생도 있습니다. 그런데 이런 일이 있고 나면 대부분의 남자는 별다른 죄의식이나 책임감을 느끼지 않는 데 반해, 여자는 마치 큰 죄를 지은 것처럼 자신을 비난하고 후회하고 우울증에 빠집니다. 그러나 이른바 '순결'을 잃었다고 해서 앞으로 다른 사람과 '순결한 사랑의 행위'가 불가능한 것은 아닙니다. 강제로 성경험을 하게 된 경우는 본인의 의지로 일어난 것이 아니기 때문에 죄의식을 느낄 필요가 없습니다.

그리고 '한 번 순결을 잃었으니 이제 내 몸을 함부로 하겠다'는 위험하고 바보 같은 사고방식을 가져서는 안 됩니다. 나는 '물건'이나 '기계'가 아닙니다. 누가 손을 댔다고 해서 훼손되거나 헌 것이 되는 게 아닙니다. 내 몸의 주인은 '나'이지 상대방 남자가 아닙니다. 성경험이 과거에 몇 백번 있었다고 해도, 지금 현재 내 감정에 다른 불순한 동기가 섞이지 않은 채 상대방을 사랑하고 있다면 그 사랑은 지고지순한 것입니다. 여자가 순결을 잃었다는 건 끝이 아니라, 한 사람의 소녀가 '여성'으로 다시 태어나기 위한 하나의 '통과의례'일 뿐입니다.

그러나 이런 경우가 아니라면 청소년 시기에 일찍부터 성경험을 굳이 가질 필요는 없습니다. 누군가를 사랑한다는 이유로 일부터 저지르지 말고 신중하게 자신의 감정을 점검하고 육체적인 접촉 이전에 상대방을 더 이해하려고 진지하게 노력하기 바랍니다.

부끄럽지만 자위행위를 멈출 수 없어요

> 중학생이 된 뒤부터 자주 야한 꿈을 꾸고 사정을 합니다. 비록 꿈이지만 그 느낌이 너무나 생생해서 깨어나서도 정신을 차릴 수 없습니다. 제 무의식 속에 그런 것이 자리잡고 있다는 것이 놀라울 뿐입니다. 그후 자위행위를 시작했습니다. 처음에는 꿈을 생각하며 자위행위를 했지만 나중에는 이상한 사진이나 불법 음란 만화책을 구입하기도 했습니다. 요즘은 수업시간이나 만원버스 안, 심지어는 친구들과 이야기를 하다가도 충동을 느낄 때가 있습니다. 특히 수업시간에는 자주 나쁜 생각에 사로잡혀 수업에 집중하지 못합니다.
>
> 불쑥 나타나는 충동을 억누르기 위해 잡지와 만화책을 버렸다가 금세 후회하고 다시 구해서 자위행위를 합니다. 도저히 공부에 집중할 수가 없습니다. 제 나이에는 누구나 자위행위를 한다고 하지만 저처럼 공부에 방해받을 정도인지, 누구와 툭 터놓고 이야기라도 하고 싶습니다.

사춘기가 되면 여학생은 가슴이 나오고 엉덩이에 살이 붙으면서 몸의 곡선이 여성화되고, 남학생은 수염이 나오면서 목소리가 변하는데 이것을 이차적 성징性徵이라고 합니다. 이때쯤 되면 여자아이에게는 초경初經이 찾아오지요. 어른들은 멘스, 혹은 월경이라고 이야기하고 할머니들은 달거리라고 이야기하는 것이지요. 남자아이는 밤에 자다가 자기도 모르게 사정을 하게 되는 몽정을 초경과 비슷한 경험으로 치고 있습니다. 별다른 성적인 공상을 하지 않고 야한 영화를 본 적도 없는데 이상한 꿈을 꾸면서 속옷이 축축해지는 경험을 하는 것이지요. 이때쯤 되면 아침에 일어났을 때 성기가 꼿꼿이 서는 것을 느낍니다. 또 예쁜 여학생을 만났는데 그 여학생과 어쩌다 손끝이 닿는 아주 가벼운 신체 접촉만으로도 발기하는 자신을 발견하게 됩니다. 그러다 자위도 배우게 됩니다.

부모님이나 선생님에게 남녀가 교제를 하면서 뽀뽀를 하거나 몸을 만지면 불량학생이라는 소리를 듣고 엄격하게 자란 경우라면 이럴 때 커다란 죄책감을 느낍니다. 특히 깊은 신앙심을 갖고 있는 경우라면 자기의 몸에 마귀가 들어온 것 같은 기분이 듭니다. 대부분의 어른은 자위는 몸에 해롭고 나쁜 것이라고 말하지만 그 어른도 청소년 시기에는 한두 번 자위를 해본 적이 있을 거예요.

발달심리학적 관점에서 본다면 자위는 이제 다 자란 성인 남녀가 제 짝을 만나 성행위를 하여 자식을 낳아 키울 수 있는 준비의 전 단계입니다. 실제로 자위를 해본 사람이 결혼한 다음에 부부관계가 훨씬 좋다는 보고도 있습니다.

그러나 다른 활동은 거의 하지 않으면서 자위에만 지나치게 탐닉해서는 안 됩니다. 수줍음이 많고 가정에 문제가 많은 사람, 자기 성취를 못하고 끊임없이 좌절감을 느끼는 사람은 자위를 하면서 순간적인 쾌락을 느끼고 현실에서 도피하려고 합니다. 이런 자위행위는 건강한 행동이 아닙니다. 비위생적인 기구를 사용하여 몸을 다칠 수도 있습니다. 그러나 적당한 행위라면 굳이 죄의식이나 창피함을 느끼지 않아도 좋습니다. 자신의 성욕을 참지 못해 강간을 한다거나 또는 가출하여 성적으로 문란하게 타락하는 것이 나쁜 것이지, 자위 그 자체는 남을 해치는 것도 아니고 도덕적으로도 문제 될 바가 없습니다.

제일 좋은 것은 자위행위에 탐닉하는 시간에 공부에 열중하거나 운동을 하고 봉사활동을 함으로써 성욕을 다른 곳으로 분출하는 것입니다. 하지만 좌절감과 불안감, 우울증 때문에 그처럼 고차원적인 방법을 해볼 기력이 없는 경우가 많습니다. 고독감 등 때문에 어쩔 수 없이 자위를 한다면 그 행위는 잊어버리고 다음날부터는 기분을 전환해서 즐겁게 살아보세요. 건강한 성행위는 남들과 내놓고 이야기하기 부끄러운 것이지 죄는 아닙니다.

이상형이 아닌데
왜 그 사람에게 끌릴까

> **66** 처음에 그 아이를 만났을 때에는 예의 없고 비뚤어진 성격이 마음에 들지 않았습니다. 그래서 티격태격 다투기까지 했는데 헤어지고 돌아온 뒤에도 그 아이의 얼굴과 행동이 자꾸 떠오르고 뭘 하며 지내는지 궁금했습니다. 그러고 나서 다시 그 아이와 만날 기회가 생겼는데 그 아이는 여전히 함부로 말을 내뱉고 행동도 제멋대로였습니다. 저한테 별 관심이 없는 것 같길래 나도 다시는 그 아이를 생각하지 않겠다고 다짐했는데 뜻밖에 그 아이가 저를 집까지 데려다주겠다고 했습니다. 함께 길을 걸으면서도 그 아이는 함부로 말하고 실망스러운 행동을 했지만 저는 이상하게 그 아이에게 끌렸습니다. 못마땅한 부분도 많고 단점이 자꾸 눈에 띄는데도 좋아하는 마음이 드는 것이 머리로는 이해가 가지 않습니다. **99**

어떤 사람과 갑자기 사랑에 빠지게 되는 것을 영어로는 'Crush'라고 합니다. Crush란 유리 같은 것이 부딪혀 깨지는 것이지요. 누구를 만나 한눈에 반하는 감정은 곧 자기 자신이 모두 산산조각 나는 것처럼 이상하고 특별한 경험이기 때문에 그것에 빗댄 말입니다.

여학생들이 좋아하는 연애소설이나 긴 제목의 시들 중에는 그런 울렁거림을 주제로 삼고 있는 것이 꽤 많습니다. 나이가 더 먹으면 사람을 만나 좋아하는 감정을 느끼면서도 이것저것 재는 것이 많아서 쉽게 사랑에 빠지지 않습니다. 그 사람이 돈이 많은지 적은지, 매너가 좋은지 나쁜지, 나를 행복하게 해줄 수 있는지 없는지 등을 계산해보고 내가 손해 볼 가능성이 없다고 판단하면 교제를 시작합니다. 불친절하거나 무능력하다는 생각이 들면 가차없이 그 관계를 끊어버리고 다른 사람을 찾아 나섭니다. 그러나 순수한 청소년의 경우는 어떤 사람을 사랑하게 되면 그 사람의 단점이 무엇이건 간에, 그 사람이 내게 무슨 상처를 주건 간에 사랑의 감정을 쏟아 붓는 것에 인색하지 않습니다.

그러나 이런 사랑이 반드시 순수하고 이상적인 것일까요? 저는 그렇게 생각하지 않습니다. 사랑이라는 감정을 분석하고 파헤쳐 갈기갈기 찢어놓는 것이 꼭 필요한 것은 아닙니다. 때로는 뻔히 자기가 다칠 것을 알면서도 불 속에 뛰어드는 부나비처럼 사랑의 대상에 빠지고 싶을 때도 있습니다. 내가 사랑하는 사람에게는 쉽게 고칠 수 없는 나쁜 습관이 있고, 특히 그 사람의 말 한마디 한마디가 나를 다치게 한다는 것을 뻔히 알면서도 그를 잊지 못하고 계속 주위에 머물 수도 있습니다. 그런 자신을 마조히스트, 즉 '피학적 성격이상자'라고 이름 붙여서 비정상적인 환자 취급을 할 필요는 없습니다. 다만 그런 감정에 조금이라도 불순한 어떤 것, 또는 사랑과는 전혀 상관없는 심리적 갈등이 섞여 있다면 그 감정을 사랑과 혼동하지는 말아야 합니다.

이런 여성은 자기를 학대하고 함부로 대하는 사람을 선택하는 경우가 많습니다. 나는 형편없는 사람이니까 이 정도의 사람이 내게 어울린다고 생각합니다. 나는 어차피 팔자가 사나우니까 이런 몰인정한 남자도 감지덕지라고 믿습니다. 그래서 비뚤어지고 예의 없고 잔인한 남자를 좋아한다면 이런 걸 사랑이라고 할 수 있을까요?

또 사회 제도나 가족, 학교 등에 강한 반발심을 갖고 있는 사람이 자기와 똑같이 반항적이고 함부로 구는 남자에게 매력을 느끼고 함께 비뚤어진 행동을 하는 경우도 있습니다. 혼자서는 겁나서 못하는 일도 둘이 함께라면 얼마든지 용기를 내서 저지르는 거지요. 가출이나 약물 남용, 심지어는 도둑질도 합니다. 서로를 파멸에 빠뜨리는 이런 관계가 과연 사랑일까요? 물론 교과서적인 사랑, 그저 '아들딸 낳고 행복하게 잘살았다'는 식의 사랑이 이상적인 사랑은 아닙니다. 그러나 사랑에도 어느 정도 인간으로서의 예의가 필요합니다. 연극이나 영화처럼 격정과 극적인 장면만을 추구하는 것은 옳지 않습니다.

〈보니와 클라이드〉라는 영화가 있습니다. 순진한 남성과 여성이 만나 은행 강도로 돌변하여 비참한 최후를 맞이하는 실화를 바탕으로 한 내용이지요. 만약 그 남녀가 서로의 절망감을 제대로 인식하고 보다 서로에게 도움이 되는 쪽으로 노력하였다면 그런 끔찍한 종말은 맞지 않았을 것입니다.

샌님 같은 남자보다는 터프가이가 좋다고 말하는 여학생이 있지요. 그러나 진정한 터프가이는 주먹이나 쓰고 거친 욕설이나 퍼붓는 남자가 아니라 여성을 포함하여 모든 인간에게 진정한 존경심을 갖고 따뜻한 사랑을 베풀 줄 아는 남자입니다.

자기의 심리적인 미숙함, 불안함을 감추기 위해 일부러 거친 행동을 하는 남자친구의 겉모습을 보지 말고 속마음을 살펴보세요. 그런 남자에게 인간적인 우정을 느끼고 도와주는 것은 좋지만 사랑과 연민을 혼동해서 자기를 희생자로 만들지는 마세요.

남자친구가 자꾸
몸을 만지려고 합니다

❝ 남자친구를 1년 정도 사귀고 있는데, 그는 저와 둘만 있기를 원합니다. 언젠가 함께 친구의 집에 찾아간 적이 있는데, 마침 그 친구가 약속이 있어 나간 후 남자친구는 제게 키스를 하고 안으려고 하더니 나중에는 옷을 벗기려고 했습니다. 제가 그를 밀치자 그는 미안하다면서 사과했습니다. 풀이 죽은 남자친구의 얼굴을 보니 불쌍한 생각이 들어서 그를 용서해 주었습니다. 그 뒤로도 남자친구는 인적이 없는 어두운 길에서 저를 만지고 껴안으려고 자주 시도를 합니다. 아직 우리는 너무 어린데 이런 행동을 해도 되는지 걱정이 앞섭니다. **❞**

청소년 시기의 사랑이 아름다운 추억으로 남고 끈기 있게 지속되어 더 큰 사랑으로 발전하려면 절제와 인내가 필요합니다. 그렇게 사랑하려면 아예 하지 않는 것이 낫겠다고요? 물론 그렇게 생각할 수도 있겠지요. 격렬하게 사랑하고 비극적으로 헤어지는 사랑을 누가 도덕적으로 나쁘다고 할 수 있겠어요. 하지만 그 때문에 상처받고 다치는 사람은 나라는 게 문제입니다. 세상사람이 손가락질을 하건 안하건 그게 중요한 게 아닙니다. 사랑을 잃고 후회하는 것이 힘드니 나쁜 사랑은 피하는 게 좋다는 이야기입니다.

상대방이 내가 싫은 방식으로 사랑을 강요한다면 차라리 그 관계는 깨버리는 것이 좋습니다. 나를 진정 생각하고 애정을 기울이는 사람이라면 아직 나이 어린 사람에게 무리한 방식으로 성관계를 요구해서 그 때문에 갈등하고 불안하게 하지는 않을 것입니다. 사랑하는 여자가 자기 일에 몰두하고 다른 사회생활을 성숙하게 할 수 있도록 따뜻하게 배려해주고 이끌어주는 게 진정한 사랑입니다.

남자친구가 자꾸 성적인 접촉을 요구해온다면, 둘 사이에 그것 말고는 대화할 거리가 없고 함께 나눌 취미가 없는지 생각해보십시오. 만약 둘 사이에 남성과 여성 간의 욕망만 존재하는 것이라면, 일단 성性이라는 금기를 깬 뒤에는 아무것도 남지 않을 수 있습니다. 욕망이라는 것은 하고 싶은 일을 하지 못할 때 일어나는 것이니까요.

여자와 남자가 만나 사랑을 한다고 해도 우정과 인간적인 신뢰가 기본이 되어야 합니다. 상대방의 기분을 고려하지 않은 채, 자기의 성욕에만 주파수를 맞추는 남자를 사랑하는 대상으로 삼는 일은 다시 한 번 고려해야 할 문제입니다.

얼굴이 못생겨도
이성 친구를 사귈 수 있을까요?

66 제 친구들은 대부분 여자친구가 있습니다. 친구들이 여자친구에게 받은 선물을 자랑스럽게 보여주거나 문자메시지를 보여줄 때면 저는 무척 부럽습니다. 저도 여자친구가 있으면 공부도 더 잘할 것 같고, 지루한 학창시절을 잘 보낼 것 같습니다. 그런데 제 모습을 생각하면 곧 열등감에 사로잡힙니다. 키가 작고 뚱뚱한데다가 얼굴은 여드름투성이인 나를 좋아해줄 여학생이 있을까요? 친구들이 가끔 미팅을 시켜주기도 하지만 번번이 딱지를 맞습니다. 그럴수록 자존심 상하고 자신감도 줄어듭니다. 여자라면 남자친구의 외모를 따지는 것이 당연할 거예요. 얼굴도 못생기고 뚜렷한 장점도 없는 제가 싫습니다. **99**

자아상은 '남의 눈에 비친 나'와 '스스로가 생각하는 나'로 나눌 수 있습니다. 친구들 사이에서는 공부 잘하고 운동도 잘하는 원만한 사람으로 인정받지만 막상 자신은 잘하는 것이 아무것도 없다고 생각해서 열등감에 빠져 있는 사람이 있는가 하면, 누가 뭐라고 하건 자신의 가치를 굳게 믿으며 언젠가는 성공해보겠다는 굳은 신념을 가지고 있는 사람이 있습니다. 후자의 경우, 현재 그의 껍질만 보는 주위사람에게는 좋은 평가를 받지 못합니다. 하지만 그의 자존감은 높고 미래는 밝습니다.

성인이 되면서 자아상은 여러 가지 구성요소로 보다 복잡하게 나뉩니다. 직업적인 면의 자아, 사회적인 자아 등 때와 장소에 따라 다양하게 변화합니다. 그러나 청소년 시기에는 '공부'와 '외모' 빼고는 특별히 자기 자신의 개성을 내세울 만한 요소들이 없기 때문에 병적이라고 할 만큼 외모에 집착하게 됩니다.

자기가 못났다고 생각하는 사람은 그 때문에 자신감을 잃고, 다른 사람이 자기를 싫어한다고 생각해서 대인관계도 기피하지요. 하지만 실제로 매력이 전혀 없을까요? 혹시 남이 자기를 싫어하는 것이 아니라 내가 나를 더 싫어하는 것이 아닐까요?

영화배우 ㅁ씨와 저는 어린 시절에 같은 학교를 다녔습니다. 그때의 제 기억으로는, 그는 아무렇게나 옷을 입고 다니는데다가 피부도 까맣고 키도 그다지 크지 않아서 여자에게 인기가 없었습니다. 선생님 눈에 띄어 칭찬을 받는 똑똑한 아이도 아니었고 특별한 재주도 없어서, 거의 그늘에만 있는 나무 같았지요.

그런데 세월이 지나 어른이 되더니 어느 날 훌륭한 연기자가 되어 나타났습니다. 남자답고 멋있게 변한 건 물론이지요. 성형수술을 한 것도 아니고 그렇다고 특별히 화려하고 비싼 옷을 입지도 않았는데, 무언가 꿰뚫을 것 같은 강렬하고도 우수에 찬 눈빛이 매력적으로 보였습니다. 그의 반항적인 이미지는 어린 시절의 외로움 탓에 기인한 것이라는 기사를 본 적이 있습니다.

특별한 예외일지도 모르지만, 나이를 먹어가면서 마음을 맑게 닦고 깊은 내면세계를 일구어서 진정한 아름다움을 유지해 나가는 사람이 있습니다. 반대로, 어렸을 때나 젊었을 때에는 수려한 용모였는데 살아가면서 그 아름다움을 가꾸지 못해서 초라하고 추한 중년으로 변하는 경우도 많습니다. 동화 『미운 오리새끼』의 내용을 생각해보세요. 바로 그 미운 오리새끼처럼, 언젠가는 아름다운 백조로 변할 수 있다고 믿으면 정말 그대로 되는 게 인생입니다.

앞을 보지 못하는 맹인, 뇌성마비로 손발을 제대로 못 쓰는 사람, 몸이 불편한 지체장애인이 최선을 다해 열심히 살면서 각자의 전문 분야에서 성공한 사례도 적지 않습니다. 미인대회에 나오는 늘씬한 여성이나 멋진 영화배우보다 훨씬 아름다운 후광을 그들에게서 느낄 수 있습니다. 만약 그 광채를 여러분이 미처 보지 못했다면 그것은 진정한 아름다움에 눈뜨지 못한 탓이 아닐까요?

임신이라는
불안

> **작년 여름 친구들과 어울려 펜션에
놀러간 적이 있는데 모닥불을 피우고 놀다가 술을 몇 잔 마
셨습니다. 술 때문인지 분위기 때문인지, 함께 놀러간 오빠와
관계를 갖고 말았는데 그 뒤 몇 번 더 관계가 이어졌습니다.
> 그런데 얼마 전 학교 화장실에서 아이를 낳은 한 여학생의
기사를 읽고부터는 임신에 대한 두려움으로 미칠 것 같습니
다. 학교생활에도 열중할 수가 없습니다. 솔직히 부모님께 털
어놓고 싶지만, 제게 실망할 것 같아 두렵습니다. 그 오빠와
관계를 자주 갖는 것은 아닌데 오빠는 아직 어린 나이라서
성 지식도 없고 콘돔을 사기 창피하다며 피임에 신경을 쓰지
않습니다. 과연 우리가 진짜 사랑을 하는 것인지, 아니면 단
순한 불장난인지 불안합니다.**

요즘은 중학교 때부터 이성교제를 시작하고 성에 눈뜨는 학생이 많습니다. 어린 나이에 가출해서 동거하고 어른 못지않게 난잡한 성생활을 하는 학생도 있습니다.

그럼에도 사회에서는 아직까지 청소년을 성에 대해서는 아무것도 모르는 아이 취급을 하고 있지요. 어떻게 피임해야 하는지, 또는 성병은 어떻게 예방할 수 있는지 고민하는 학생에게 생물 교과서 수준의 성교육을 하고 있으니 학생들의 웃음거리가 될 수밖에요. 또 순결의 개념을 여학생에게만 강요하기 때문에 남학생은 성에 대한 책임감이나 자제심을 키우지 못하는 경우가 많습니다. 자신의 분노나 갈등, 어른에 대한 불만 등을 성폭력의 방법으로 해소하려는 남학생도 있습니다. 성폭력 가해자의 연령별 분포를 보면 19세 전후의 남학생이 많답니다. 여학생 쪽에서는 자기가 사랑하는 상대방에게 버림받지 않기 위해서, 원치 않는 성행위를 받아들이는 경우가 있습니다. 부끄러움과 수치심 때문에 아무에게도 피임에 대해서 묻지 못하고 덜컥 임신을 하는 경우도 있습니다.

대부분의 청소년에게는 조금 낯설고 어색한 이야기일지 모르겠지만 피임법에 대해서 말해야 할 것 같습니다. 언제 어떤 경우에 경험할지 모르는 일이니까요. 우선 남자 쪽에서 콘돔을 쓰는 것이 피임의 성공률이 높고 성병 감염을 막기 위해서도 좋습니다. 그러나 청소년은 그 사용이 익숙지 않고 또 급하게 서두르듯 성행위를 하기 때문에 제대로 콘돔을 착용하지 못할 가능성이 많습니다. 그래서 질외사정이라고 해서, 남성이 정액을 여성을 질 내부에 사정하지 않고 체외에 사정하는 방법을 많이 이용하는데, 이것은 실패할 가능성이 많습니다. 정자의 운동성이 꽤 큰데다가 성에 익숙지 않은 청소년은 자신의 몸을 완벽하게 조절하기 힘들기 때문입니다. 여성 쪽에서 피임을 하는 방법도 있지만 약국에서 피임약을 달라고 말하기 쑥스러울 것입니다. 배란기가 아닌 시기에 성관계를 갖는 자연피임법도 있지만, 월경 주기가 불규칙적인 청소년이 이런 자연피임법에 의지해서는 안 됩니다.

이러다 보니 원하지 않는 임신을 해서 산부인과를 찾는 청소년이 해마다 늘어납니다. 어린 나이에 임신을 하면 성인에 비해 여러 가지 합병증이 생길 가능성이 높습니다. 나중에 어른이 되어서 불임의 원인이 될 수도 있지요.

성병에 관해서도 마찬가지입니다. 에이즈처럼 무서운 병도 콘돔을 통해 어느 정도 막을 수 있지만 청소년의 경우는 역시 이 정도의 예방을 하기도 쉽지 않습니다. 남자가 임질이나 매독에 걸릴 경우에는 분비물이 나오고 따끔하고 아프기 때문에 알아차릴 수 있지만, 여자의 경우는 증세가 확연히 나타나지 않아서 그냥 넘어가는 수가 많습니다. 그러면 나중에 뇌 매독 혹은 태아 매독 감염 등 치명적인 상태로 발전할 수 있습니다. 국부에 물집이 생기는 헤르페스 성병도 한 번 감염되면 잘 낫지 않습니다. 이 밖에 곰팡이

균이나 간염, 방광염 등도 성행위에 의해 옮을 수 있습니다.

누군가를 사랑하는 일 자체는 아무도 비난할 수 없지만, 책임이 따르지 않는 성생활은 나중에 큰 후회를 낳습니다. 사랑한다고 해서 상대방이 원할 때 언제든지 자신의 몸을 상대방이 마음대로 하게 내버려두는 것은 진정한 사랑이 아닙니다. 자신이 원하지 않을 때에는 거절할 수 있는 당당함, 또 그를 존중하고 때가 될 때까지 기다리는 인내심은 사랑을 보다 성숙하게 만들어줍니다.

부모님이나 사회가 청소년의 성생활을 반대하는 것은 청소년 시기는 자신의 건강을 위해 책임질 수 있는 때가 아니기 때문입니다. 책임 있는 성을 선택할 수 있을 때까지 기다리는 지혜가 필요합니다.

주기적으로 찾아오는
성적 흥분

우연한 기회에 오빠 방에서 포르노 잡지를 훔쳐보고 큰 충격을 받았습니다. 그후 저도 모르게 자꾸 잡지를 훔쳐보고 자위를 하게 됩니다. 제 자신이 너무 혐오스럽고 친구들이 이 사실을 알면 얼마나 실망할지 자괴감에 빠집니다. 그런데도 주기적으로 찾아오는 흥분 상태를 감당할 수 없습니다. 이렇게 성관계에 대한 생각으로 꽉 차 있는 제가 너무 싫고, 이러다가는 내 인생을 망칠 수도 있다는 생각을 합니다.

다른 아이들도 저처럼 자주 성에 대해 생각하는지, 주기적으로 자위를 하는지 알고 싶습니다. 요즘은 책을 읽어도 그런 부분에 대한 묘사가 나온 책만 읽게 되고, 읽다 보면 또 흥분을 하는 제 자신이 싫습니다. 이래서는 안 된다고 생각하지만 어느새 그 생활에 익숙해져 다시는 헤어나지 못할 것 같습니다. 제가 혹시 성 밝힘증 같은 정신적 장애가 있는 것은 아닐까요?

많은 청소년이 우연한 기회에 포르노 잡지와 포르노 비디오를 접합니다. 그런 쪽에 관심이 없는데도 언니 오빠의 책을 보다가 우연히 접하게 되는 경우도 있습니다. 이런 경험이 좋다고는 말할 수 없습니다. 죄의식을 느끼고 성에 대한 불쾌한 인상을 간직하게 되는 경우가 많기 때문입니다. 심지어는 부모님이 이런 끔찍하고 더러운 성행위를 했기 때문에 자기가 태어났다고 생각하고는, 부모님에게 이유 없이는 반항하는 극단적인 행위로 발전하기도 합니다.

사춘기가 되면 몸의 변화가 시작되고 호르몬에도 변화가 옵니다. 남자의 경우 테스토스테론이라는 남성 호르몬이, 여자의 경우는 에스트로겐이라는 여성 호르몬이 급격하게 증가합니다. 이에 따라 성에 대해 자연스럽게 호기심도 생기고 성적 욕망도 분출하게 됩니다. 대중매체에서는 때로는 노골적인 성애 장면을 가감 없이 보여주기 때문에 아무 사전 지식 없이 그런 장면에 노출된 청소년으로서는 성에 대한 자신의 강한 욕구나 강한 정서적 변화를 감당하기 힘듭니다.

억압된 성생활로 인해 성적 공상도 많이 하게 되지요. 옆집 여학생과 포옹을 하는 생각, 영화 속의 멋진 배우와 애무하는 장면을 반복적으로 떠올리고 자위하는 청소년도 있습니다. 자위를 한 끝에는 으레 그런 더러운 성욕에 휘둘린 자신에게 죄의식을 느낍니다. 그러나 이런 성적 공상이나 자위행위 등은 정신발달학적인 측면에서 보면 비정상적이거나 비도덕적인 일은 아니니 자책하지 않으면 좋겠습니다.

19세기만 해도 자위행위는 사람을 바보로 만드는 지름길이라고 생각했기 때문에, 사람들은 이를 금지하기 위해 여러 가지 노력을 기울였습니다. 자위를 심하게 해서 모진 병에 걸렸다는 가공의 자서전을 펴내기도 했고, 자위를 금하는 기구를 발명한 사람도 있었습니다. 최근에도 카톨릭 교단 등 보수적인 그룹에서는 자위는 건강하지 않은 것이라고 간주하고 있습니다. 그러나 정신의학적인 측면에서는 심각한 정신질환 때문에 다른 일은 하지 않고 자위행위에만 골몰하는 극단적인 경우를 제외하고는 비교적 관대하게 간주하는 편입니다.

성적 공상도 마찬가지입니다. 내성적이고 비사교적이어서 자신 안으로만 숨으려 하고 다른 사람과 정상적인 관계를 맺지 않으려는 경우, 괴상한 공상에만 몰두하는 경우를 제외하고는 상상력과 감성이 풍부한 청소년 시기의 성적 공상까지 병적이거나 비도덕적이라고 보지는 않습니다.

우연히 포르노물을 접한 청소년은 그런 잘못된 것에 호기심을 가졌다는 이유 하나만으로도 죄의식을 느낍니다. 죄의식 때문에 일상생활을 못할 정도라면 그 사고방식부터 고쳐야 합니다.

성생활도 인간 행동의 한 부분입니다. 올바른 성생활은 학습 없이 자연스럽게 터득하는 것이 힘들 수 있습니다. 더 완전한 여성 혹은 남성이 되기 위해서는 어쩌면 그런 성적 장면들을 접하는 것이 필요할 수도 있습니다. 일부러 포르노 잡지를 사서 하루 종일 그것만 보아서는 안되겠지만 우연히 접한 경험까지 걱정하고 근심할 필요는 없습니다.

청소년에게 성은 금지된 영역입니다. 그만큼 강하고 감각적이고 관능적인 흡인력이 있기 때문에 성적 욕망도 더 커질 수 있습니다. 하지만 지나치게 성에 대해 예민하게 생각하지 말고 학습할 수 있는 하나의 영역이라는 생각을 갖고 지내는 편이 도움이 될 것입니다. 적당한 시기에 부모님에게 성에 대해 물어본다면 오히려 부모님 쪽에서 기쁜 마음으로 대답해 주시리라고 믿습니다.

청소년 시기에는 당당하게 자신의 성에 대해 배우고 자신의 성적 정체성을 확립해야 합니다.

운명적인 첫사랑을
기다리며

늦가을 비가 내리는 날이었습니다. 쉬는 날인 줄 모르고 학원에 갔다가 학원 앞에서 저처럼 착각을 하고, 멍하게 서서 어쩔 줄 몰라 하고 있는 그 아이를 만났습니다. 우리는 눈이 마주치자 누가 먼저라고 할 것 없이 낯을 붉히며 겸연쩍어 했습니다. 왠지 이것이 소설이나 영화에 나오는 그 운명적인 사랑의 시작이 아닐까 하는 생각이 들었습니다. 그 아이도 그런 생각을 한 것인지, 바쁘지 않으면 이야기나 하자고 했습니다. 우리는 그날 영화 속에서처럼 함께 우산을 들고 비 오는 거리를 걸었습니다. 그 뒤 학원에서 그 아이를 다시 봤지만 저는 다시 모범생인 척하며 그 아이를 모른 체했습니다. 그러나 사실은 그날의 모든 것이 그립기만 합니다.

이미 때가 묻을 대로 묻은 어른이 10대의 첫사랑에 대해 이야기하는 것이 가능할까요? 그때의 순수한 열정들을 누더기처럼 버려놓은 우리가 10대의 첫발자국이 잘못 되었느니 너무 이르느니 하고 얘기할 수 있을까요. 영악한 계산도, 위선의 작위도 끼어 있지 않은 그 맑은 감정을 이리저리 분석하고 진부한 조언을 해주는 것이 어렵습니다.

분노, 시기, 절망, 혐오, 권태와 같은 세상의 나쁜 감정들은 어차피 정신과 의사가 되었으니 이리저리 도마 위에 올려놓고 이건 버리고 저건 고쳐야 한다고 잔소리 할 용의가 있지만, 첫사랑에 대해서는 그러고 싶지 않습니다. 그때의 기억은 마음의 다락방에 숨겨 놓았다가 나중에 사는 게 고달플 때, 그래서 그냥 막 살아버리고 싶을 때, 심지어는 죽고 싶을 때 다시 몰래 꺼내볼 수 있으면 좋겠습니다. 가슴 떨리고 달콤한 그때의 황홀경을 잘 되살리기만 한다면 마치 강한 마약이나 진통제를 먹은 것처럼 현재의 아픔이 사라질 수 있을 테니까요.

그러나 그런 아름다운 추억 살리기는 시간 많이 지나간 후, 어른이 된 다음의 이야기입니다. 그 사람을 보고 싶은 마음, 그러나 참아야 하는 현실, 그런 자신에 대한 당황과 부끄러움 같은 복잡한 감정 때문에 지금 당장은 괴롭지요? 내게 주어진 공부라는 의무, 착한 모범생이라는 딱지, 어머니 아버지의 신뢰 같은 것이 나를 더욱 힘들게 하니까요. 그런 엄청난 일을 벌이지 말았어야 했는데 내가 왜 그랬을까, 단순한 호기심이었을까, 정말 그 사람을 좋아하는 것일까, 그쪽은 그냥 장난이었는데 나만 그 사람을 좋아하는 것일까, 혹시 내가 바보처럼 보이는 것은 아닐까……. 아무것도 모르는 부모님이나 선생님이 "왜 성적이 떨어지느냐" "이래서 대학을 갈 수 있겠느냐" 하고 닦달하지만 그런 말들은 머리에 들어오지 않는다고 어떻게 얘기할 수 있겠어요.

옆에 현명한 어른이 있다면 자신의 첫사랑에 대해 자세히 들려주실지 모릅니다. 누구에게나 사랑의 첫발자국은 있었을 것이고 그때의 아픔과 환희를 이제는 내 자녀와 같이 나눈다면 그보다 더 따뜻한 순간이 있을까요? 부모나 선생님 이전에 누구나 사랑과 절망의 감정을 가진 한 사람이기 때문에 지금 사랑의 감정으로 당황하고 있는 젊은이와 깊은 얘기를 나눌 수 있다면 세상에는 세대 간의 단절이나 오해 같은 건 있을 수 없을 텐데요. 그렇지만 어른은 자신의 첫사랑 이이야기를 잘 하지 않습니다. 청소년을 무시해서라기보다는 자신의 경험을 이야기한다는 것 자체가 부끄럽고 쑥스러워서일 거예요.

지금 느끼고 있는 첫사랑의 경험이 아무리 부끄럽고 당황스럽다 해도 절대 창피하거나 추하게 생각하지 마세요. 추한 건 유흥가를 헤매고 다니며 돈으로 성을 사려고 하는 술 취한 어른입니다. 구역질나는 것은 진실한 사랑 없이 조건과 돈으로 결혼해서 허위로 치장하며 사는 기성세대예요. 정말로 부끄러워해야 할 쪽은 출세와 돈과 껍데기만 갖추면 무슨 짓이든 할 수 있다고 믿는 사람입니다.

쓸데없는 부끄러움 때문에 그런 기분을 억제하려고만 할 게 아니라 오히려 그 소중한 감정이 다른 쓰레기들로 오염되지 않도록 잘 간직하기를 바랍니다. 물론 그 때문에 자신의 모든 생활이 오랫동안 흔들려서는 안 되겠지요. 사랑도 내가 먼저 있고 나서 하는 거니까, 나를 전부 희생하면서까지 그 사랑에 매달려서는 안 된다는 점을 꼭 기억하세요.

내게도 사랑이 올까?

처음 찾아오는 설레임의 감정을 성숙한 사랑으로 키워나가기 위해서는
자신의 마음을 객관적으로 돌아보는 노력이 필요합니다. 또래 친구나
주변 사람, 혹은 텔레비전 속의 연예인과 사랑에 빠졌다고 믿는 사람들
이 있다면 스스로에게 이런 질문을 해보세요.

★_ 내가 좋아하는 사람(또래 친구, 주위 사람, 혹은 가수나 연예인)에 대해
   알고 있는 객관적인 사실들을 쭉 적어보세요.

★_ 그 사람의 많은 특징 중에서 그 사람을 좋아하게 만드는 것은 무엇인지
   손꼽아봅시다.

★_ 사랑의 감정과 한눈에 반한다는 매혹의 감정은 어떻게 다를까요? 친구들
   과 함께 이야기해봅시다.

★_ 사랑하는 감정이 자기 성장에 어떤 도움을 줄지 생각해봅시다.

괜찮아, 열일곱 살

-어른들은 알지 못하는 10대들의 심리학

1판 1쇄 발행 2011년 10월 31일

1판 15쇄 발행 2020년 3월 25일

지은이   이나미

펴낸이   이영희

펴낸곳   도서출판 이랑

주소   경기도 파주시 교하로 1007-29

전화   02-326-5535

팩스   02-326-5536

이메일   yirang55@naver.com

블로그   http://blog.naver.com/yirang55

등록   2009년 8월 4일 제313-2010-354호

© 이나미, 2011

- 이 책에 수록된 본문 내용 및 사진들은 저작권법에 의해 보호받는 저작물이므로 무단전재와 무단복제를 금합니다.
- 잘못된 책은 구입하신 곳에서 바꾸어 드립니다.
- 책값은 뒤표지에 있습니다.

ISBN 978-89-965371-2-0 (43180)

「이 도서의 국립중앙도서관 출판예정도서목록(CIP)은 서지정보유통지원시스템 홈페이지(http://seoji.nl.go.kr)와 국가자료공동목록시스템(http://www.nl.go.kr/kolisnet)에서 이용하실 수 있습니다. (CIP제어번호: CIP2011004297)」